U0917953

本书的主要研究工作得到国家自然科学基金课题“石油价格变动对我国农业影响研究”(70873126)的支持

我国农业劳动力转移与农业机械化发展研究

杜学振　著

中国农业大学出版社

·北京·

图书在版编目(CIP)数据

我国农业劳动力转移与农业机械化发展研究/杜学振著. —北京:中国农业大学出版社,2011.8

ISBN 978-7-5655-0386-3

Ⅰ.①我… Ⅱ.①杜… Ⅲ.①农业劳动力-劳动力转移-研究-中国 ②农业机械化-研究-中国 Ⅳ.①F323.6 ②S231

中国版本图书馆 CIP 数据核字(2011)第 158457 号

书 名 我国农业劳动力转移与农业机械化发展研究

作 者 杜学振 著

策划编辑 童 云 **责任编辑** 伊卫东

封面设计 郑 川 **责任校对** 陈 莹 王晓凤

出版发行 中国农业大学出版社

社 址 北京市海淀区圆明园西路 2 号 **邮政编码** 100193

电 话 发行部 010-62818525,8625 **读者服务部** 010-62732336

编辑部 010-62732617,2618 **出 版 部** 010-62733440

网 址 http://www.cau.edu.cn/caup **e-mail** cbsszs @ cau.edu.cn

经 销 新华书店

印 刷 涿州市星河印刷有限公司

版 次 2011 年 8 月第 1 版 2011 年 8 月第 1 次印刷

规 格 787×1 092 16 开本 9 印张 130 千字

定 价 20.00 元

序

我国是世界上农业劳动力最多的国家。1991年第一产业从业人员峰值曾高达3.9亿多人。目前，第一产业从业人员占全社会就业人员比重仍较高，农业机械化水平、农业劳动生产率仍较低，农业依然是国民经济发展的薄弱环节。中央高度重视“三农”问题，一再重申解决好“三农”问题是全党工作的重中之重。把积极发展现代农业列为社会主义新农村建设的首要任务，提高到是以科学发展观统领农村工作必然要求的战略高度。近些年国家财政通过实施购机补贴政策，大幅度增加了对发展农业机械化的支持力度。国家支持、农民积极，促进了我国农业机械化前所未有地快速发展。

在耕种收综合机械化水平超过40%，农机化发展进入中级阶段以后，第一产业从业人员数量和比重已呈双下降趋势。2010年，我国耕种收综合机械化水平已超过50%，达52%，标志着我国农业生产方式发生了有史以来机械化生产方式已大于传统生产方式的历史转折，我国农业已进入以机械化生产方式为主导的新时代。加快推进农业机械化，在农业生产要素中增加农机装备，用现代物质条件装备农业，减少农业劳动力数量，提高农民素质，培育新型农民，用现代化要素取代传统要素，已成为加快社会主义现代化进程，转变农业发展方式的必然要求，此趋势已不可逆转。在这个进程中，作为一个农业人口大国，必须深入研究和妥善处理好农业劳动力转移与农业机械化发展这个十分迫切、又十分艰难的重大理论和实际问题。许多人从不同角度对此问题进行了探索和研究。杜学振博士以我国农业劳动力有效需求为切入点，从劳动力资源有效配置既保证农产品有效供给、农业安全，又促进农民增收的角度，通过大量调查研究、理论分析和实证考察，用定性与定量相结合的研究方法，对此问题进行了较深入系统的研究，其研究成果以此书奉献给读者，虽只是百花园地的一朵小花，但也芳香扑鼻，显其特色，一些重要结论、观点和建议，对领导决策和业界研究都颇有参考价值，读后使人深受启迪。特推荐给读者共享，仁者见仁智者见智，共同努力推进我国农业机械化、现代化事业又好又快地实现科学发展。

本书的出版，是作者攻读博士学位、参加国家自然科学基金课题研究，辛勤努力的一个可喜成果，来之不易，值得庆贺。希望作者把此作为一个新起点，继续坚持不懈，奋发拼搏，必将大有可为，在新的征程中取得更大的成绩！做出更大的贡献！祝作者取得新的更大成功！

白人朴

2011年6月28日

前言

农业机械化发展与农业劳动力转移之间的关系是一个非常重要的问题,也是分析农业机械化、农业产业结构和我国农业发展的一个关键点。作者在考虑季节性劳动力需求的条件下,对农业机械化发展与农业劳动力转移等问题展开系统研究,旨在探寻其中的主要规律,为有关部门制定促进我国农业发展相关政策提供研究支持。

本书涉及的主要研究内容包括5个方面:

首先,比较分析农业劳动力转移的主要理论,从宏观层面探讨了我国农业劳动力转移面临的问题及成因,对我国农业机械化发展和农业劳动力的转移现象进行了阶段性归纳。总体来说,目前农业劳动力转移的首要问题是转移不足,农业机械化总体水平不高是制约我国农业劳动力转移的重要原因之一。

其次,从微观出发,细致地测算了我国农业生产中的劳动力有效需求量。结果表明,我国农牧业生产所需要的劳动力数量为1.39亿~1.77亿,农林牧渔业的劳动力需求为1.54亿~1.96亿。农业劳动力转移的潜力很大,我国最少还有0.9亿~1.2亿农业劳动力富余;我国单位农产品用工数量明显减少,农业生产所需要的劳动力数量将在今后15~20年中减少一半。

第三,对14个典型省份的农民家庭基本情况和主要作物用工情况进行了抽样调查。调研结果显示,不同地区的农户家庭拥有的劳动力数量差别不大,户均3个左右,但不同农户家庭年收入差别较大,不同地区的农户来自农业的收入占家庭总收入的比重也存在较大差别;劳动力在农业产业的分配比例存在明显的差异;农业机械减轻农业劳动强度的作用明显,制约农户购买和使用农业机械的主要原因是农业机械价格较高和耕地经营规模较小。

第四,利用调研数据,从农业劳动力需求强度和劳动强度两个层面定量分析农业生产对劳动力需求的季节性特征。我国农业劳动力需求强度和劳动强度在全年的分布呈现出“驼峰型”。这与农业生产的季节性有很大的关系，在五、六月份和七、八月份都是农业劳动力需求量最大的时期。农业劳动力需求强度和劳动强度在一年当中具有相同的走势。

第五，对代表性农产品的劳动生产率随着农业机械化水平提高的变化规律进行了定量分析。研究表明，促进我国农业机械化发展与减少农业劳动力和加快农业劳动力转移在一定程度上具有逻辑一致性；提高农业机械化水平能够显著减少农业用工数量，提高农业劳动生产率；我国需要转移的农业劳动力数量对关键季节农业机械化作业水平的提高非常敏感；如果综合机械化水平提高到70%，农业劳动力需求将不超过1亿人。积极推进我国农业机械化发展，能够保证农业生产和农产品供给，实现劳动力资源的有效配置，促进农民增加收入。

在上述研究的基础上，针对如何促进我国农业机械化发展和农业劳动力合理有序转移提出了政策建议，并提出了进一步研究的问题。

本书是在作者博士论文基础之上写作完成的，是国家自然科学基金课题“石油价格变动对我国农业影响研究”(项目批准号：70873126)的研究内容。

值此成书之际，首先感谢我的导师白人朴教授。先生作为我国农村发展与农业机械化研究的资深学者，一生致力于这项事业，德高望重。先生严谨的学风、渊博的知识、开阔的学术视野、务实的治学态度，以及对我的鼓励和教诲，时刻激励着我克服困难，不断学习和深入研究。

非常感谢田志宏教授。从确定研究课题到研究思路，从调研设计到调研数据的统计处理，从问题研究到书稿的撰写，田教授一直都给予了我深入细致的指导和良师益友般的帮助。

感谢肖海峰教授，在课题调研问卷的设计思路方面，给予了我宝贵的意见和建议。感谢宋正河教授、陈昕副教授和缪美银硕士，以及中国农业大学工学院、信息与电气工程学院参加实地调研的同学们，他们的热情帮助使我获得了宝贵的第一手调研资料。感谢郭丽楠博士、田晓静硕士、王丽娟硕士和曹帅硕士，在调查问卷的统计和数据收集方面给予了我大力支持。感谢王丽红博士和刘玉梅博士，在图表处理方面给予我热情帮助。

感谢傅泽田教授、王涛教授、王德成教授、毛恩荣教授、董仁杰教授、陈宝峰教授、杨敏丽教授和夏铁华副教授在我求学期间给予的帮助与鼓励。

感谢我的家人对我学习和研究工作的支持。

感谢所有关心、支持和帮助过我的老师、同学、同事和朋友们，我取得的每一点进步都得益于大家的热情帮助！

由于本人水平所限，书中难免有不当之处，欢迎读者朋友批评指正。

作者

2011 年 5 月 18 日

CONTENTS

目 录

第一章
绪 论

1.1 问题的提出及研究的意义

解决好农业、农村、农民问题，事关我国全面建设小康社会大局。中共十七届三中全会明确强调：农业是安天下、稳民心的战略产业，没有农业现代化就没有国家现代化，没有农村繁荣稳定就没有全国繁荣稳定，没有农民全面小康就没有全国人民全面小康。2004 年以来，中共中央、国务院每年的一号文件，都是关于解决“三农”问题，彰显了解决好“三农”问题是我国现阶段经济社会发展的客观要求和迫切任务。

农业机械化是农业现代化的重要标志。2007 年的《中共中央国务院关于积极发展现代农业扎实推进社会主义新农村建设的若干意见》明确要求，发展现代农业是社会主义新农村建设的首要任务，要用现代物质条件装备农业，用现代科学技术改造农业，用现代产业体系提升农业，用现代经营形式推进农业，用现代发展理念引领农业，用培养新型农民发展农业，提高农业水利化、机械化和信息化水平，提高土地产出率、资源利用率和农业劳动生产率，提高农业素质、效益和竞争力，是促进农民增加收入、提高农业综合生产能力的有效途径。推进现代农业建设，就需要用现代物质条件装备农业。农业机械是农业生产过程中资本对劳动替代的手段，为提高农业劳动生产率、提高土地产出率、增强农业抗风险能力、减轻农民劳动强度以及为农民增产增收提供了有力支持，是推进农业机械化，实现农业现代化的重要工具。

《中共中央国务院关于2009年促进农业稳定发展农民持续增收的若干意见》进一步明确要求，要加快推进农业机械化。启动农业机械化推进工程，重点加强示范基地、机耕道建设，提高农机推广服务和安全监理能力。普及主要粮油作物播种、收获等环节机械化，加快研发适合丘陵山区使用的轻便农业机械和适合大面积作业的大型农业机械。支持农机工业技术改造，提高农机产品适用性和耐用性，切实加强售后服务。实行重点环节农机作业补贴试点。对农机大户、种粮大户和农机服务组织购置大中型农机具，给予信贷支持。大规模增加农机具购置补贴，推进农业机械化的发展。

农业生产方式的选择取决于农业投入要素的相对价格或相对成本，当劳动力工资低，劳动便宜，而资本相对昂贵，就少用资本多用劳动，反之，就多用资本少用劳动。农业劳动力短缺会引发劳动力价格上涨，由于农业机械对劳动力有较强的替代性，农业生产中会相应增加农业机械的使用量，而减少劳动使用量。显然，推进农业机械化是转变农业生产方式的迫切需要。随着农业劳动力结构快速变化，农民对农机作业的需求越来越迫切，农业对农业机械应用的依赖越来越明显，现在已经到了加快推进农业机械化的阶段。因此，加快提高我国农业装备水平，促进农业机械化发展，成为我国农业现代化进程中亟待解决的重要问题。

发展农业机械化是一项重要的农业基础建设。由于我国地域辽阔，各地自然地理条件、经济发展水平、耕种方式和作物生长的季节性等都有很大的差异，农业机械化水平呈现出明显的地区差距。因此，在推进农业现代化的过程中，有针对性地发展农业机械化，合理增加农业技术投入，大力提高农业装备水平，优化农业机械结构，合理转移农村劳动力，对提高农业劳动生产率，增加农民收入，促进农业经济增长起着非常重要的作用。

我国总体上已进入以工促农、以城带乡的发展阶段，进入加快改造传统农业、走中国特色农业现代化道路的关键时刻，进入着力破除二元结构、形成城乡经济社会发展一体化新格局的重要时期。大力推进农业机械化，能有效地促进农业生产力的发展和提高劳动生产率，推动农业向产业化、现代化发展。确立不同区域农业机械化发展重点，为农业节本增效提供技术支持，努力使农业机械化适应农业现代化的总要求，农业机械化与农业现代化协调发展，为我国实现农业现代化提供技术支撑。

农业机械化发展与农村劳动力转移之间的关系，是一个非常重要的问题，也是分析农业机械化、农业产业结构和我国农业发展的一个关键点。研究者们从多个方面展开了研究，已经取得了很多研究成果。我国农业生产的季节性劳动力需求问题突出，相比之下，在考虑到季节性条件下对农业机械化发展与农业劳动力转移的研究方面，目前尚未看到系统的研究成果。

因此，作者从理论分析、调查研究、实证分析 3 个方面入手，针对上述问题展开系统研究，旨在为国家有关部门制定促进我国农业发展相关政策提供研究支持。

1.2 国内外文献综述

作者查阅了大量的相关文献资料，经过归纳总结，将国内外有关农业劳动力转移和农业机械化发展的研究分为 4 个方面：①农业劳动力转移的相关研究；②农业机械化发展水平研究；③农业机械化发展阶段性和区域性研究；④农业机械化发展与农业劳动力转移的相关性研究。下面分别进行综述。

1.2.1 农业劳动力转移的相关研究

关于农业劳动力转移的研究，随着工业化、城市化进程，国外较早对此问题进行了研究。我国从 20 世纪 70 年代末实行改革开放以来，农业劳动力转移到非农产业成为了一种普遍的现象，因此，国内也有较多研究人员对农业劳动力转移以及相关的重要方面进行了一些实证研究和探讨，并且见仁见智地得出了自己的结论。

(1)农业劳动力转移的决定因素

该类研究主要是通过分析农业劳动力转移的主要影响因素，提出一些促进农业劳动力转移的政策建议和措施。美国经济学家刘易斯在 20 世纪 50 年代研究农村剩余劳动力时，指出农业劳动力转移的原因是由于农业部门中存在着大量的剩余劳动力，同时工业部门又处于不断的扩张过程中，所以农业劳动力就会由低报酬率的农业部门向高报酬率的工业部门转移。Dale E. Hathaway 和 Brian B. Perkins(1968)利用加拿大 1955—1963 年的数据描述性分析了影响农民转移决策的主要因素包括长短期收入预期、就业稳定性、年龄、种族、农业就业状况、迁移距离等。Brian B. Perkins(1973)曾定性地讨论了农业要素报酬率低的问题，并利用加拿大的统计数据指出了加拿大农业劳动力转移出农业部门，其主要原因是农业部门收入较低。而 Andrew P. Barkley(1990)也曾利用美国农业部(USDA)的统计数据，通过建立两阶段就业选择计量经济模型的方式，分析了农民收入与农业劳动力转移之间的关系，证实农业与非农业之间的相对报酬率是农业劳动力转移的主要原因。

国内大量文献描述了我国经济体制改革对农业劳动力转移的影响。在改革开放 30 年里，中国农业劳动力转移和流动规模、就业格局在相当大程度上受经济改革进程的影响，市场化取向的经济改革为农业劳动力转移和流动提供了制度环境(刘秀梅，2004)；但不同地区之间尤其是城乡之间存在的收入差距和不同产业之间的收入差距是诱使农业劳动力转移和流动的关键因素(蔡昉，2003)。陈培安等(2000)在定性分析农业剩余劳动力转移区域因子系统和动力系统的基础上，对我国省级农业剩余劳动力转移影响因素进行了分类定量计算和探讨，评价了各因子作用强度，其结果表明，人均国内生产总值是强影响因素，国民经济非农化水平、农村经济非农化水平、劳动者文化素质、人口自然增长率是较强影响因素，农业机械化水平是一般性影响因素，农民人均粮食产量、农民人均播种面积是弱影响因素。杜鹰等人(1997)对我国农业劳动力转移的实证研究认为农业资源缺乏是农业劳动力转移和流动的一个主要因素。一些研究人员还利用不同地区农户抽样调查资料对影响农业劳动力转移因素进行实证分析。刘秀梅(2004)通过对内蒙古 2 000 余农户的调查数据分析，证明耕地资源的稀缺是促进农业劳动力转移的主要“推力”因素。蔡昉(2001)认为农户所在地区耕地资源较少，而本地又缺乏非农产业就业机会，产生了农业劳动力向外地区流动的推动力。农户间收入差距的扩大所导致的农户相对经济地位的变化也是促使农业劳动力向城市转移的一个重要原因(蔡昉，2003)。杨春瑰(2003)通过建立

Logistic 模型分析了预期收入差距和信息扩散等因素对于劳动力转移的影响，得出农业劳动力转移是预期收入差距和信息扩散的双重作用结果，并且发现我国的农业劳动力转移表面上呈现年周期性的特征。苗瑞卿等(2004)在杨春瑰的基础之上，将模型做了进一步改进，建立计量经济模型，利用统计年鉴的数据，计算结果发现农业劳动力转移的预期收入越高，劳动力转移速度越快，转移数量也越大，影响转移的主要因素包括制度因素、人力资本因素、心理承受能力和信息扩散程度等。黄玉祥等(2005)通过对农业劳动力转移与农业机械化的关系研究认为虽然农业劳动力转移是众多因素作用的结果，但农业机械化水平的不断提高是促进农业劳动力产生转移的直接原因；因为农业机械化水平的不断提高促使了农业剩余劳动力的不断增加。

(2)农业剩余劳动力数量估算方法

关于我国农业剩余劳动力数量，国内外学者进行了诸多的研究，由于对剩余劳动力概念的界定不一致，导致了不同估算方法，估算的结果也有较大的差别。研究人员常用的有以下方法。

古典经济学估算法(王检贵，丁守海，2005)。按照古典经济学原理，土地和资本是相对稀缺的，劳动力是无限供给的。刘易斯按照古典经济学的思路最先提出了剩余劳动力的概念，他测算这部分剩余劳动力的数量主要有两种方法：一种是测算狭义农业剩余劳动力，理解为农业拥有的劳动力数量与现有的农业生产技术条件下农业需求的劳动力数量之差；另一种广义的农业剩余劳动力，理解为农业拥有的劳动力数量与采用了先进的农业生产技术条件下所需的劳动力数量之差。陈锡康(1992)采用了这一古典经济学估算法测算了两类农业剩余劳动力。王检贵等(2005)认为广义剩余劳动力的可变因素太多，对了解目前的剩余劳动力意义较小，这种方法主要用于测算狭义的剩余劳动力，他在此基础上进行了改进和完善，增大了估算的准确性。

新古典经济学估算法(王检贵，丁守海，2005)。以舒尔茨为代表的新古典经济学派认为，边际生产力为零的剩余劳动力不存在，边际生产力大于零的剩余劳动力是可能存在的。国内的研究人员如刘建进(1997)、王红玲(1998)都使用了这一方法进行估算了我国农业剩余劳动力的数量，他们先求出整个经济系统收益最大化时所需的农业劳动力数量，再与农业实际存在的劳动力数量相比，得出剩余劳动力规模。这一方法单纯从市场角度考察劳动力的配置，测算出的也是狭义的剩余劳动力数量。

国际标准模型法（李仙娥等，2004；王检贵等，2005）。该方法是由钱纳里和赛尔昆两位经济学家提出，他们通过对许多国家的产业结构的变化过程进行实证研究，对有关数据进行回归分析，得到与不同人均国内生产总值相适应的各部门劳动力份额和各部门产值份额的"国际标准结构"，并用所研究的国家农业劳动力份额与该"国际标准结构"相比较，从而得出该国农业剩余劳动力较"准确"的估计值。谢文斗（1997）、袁志刚（2002）利用该模型，把我国的农业劳动力总数与相同 GDP 水平上的国际标准进行比较，估算出了中国农业剩余劳动力的数量。李仙娥等（2004）把该模型应用到我国的当时情况，测得的实际结果是：在农业劳动力份额方面，中国的份额比国际标准份额高约 20%，但在农业产值份额方面，中国的份额也比国际标准份额高约 4%，两者相抵，得出了我国农业隐性失业率为 16%左右。国际标准模型法虽然能在一定程度上反映我国经济结构偏离"标准态"的程度，但人均国内生产总值相似的国际比较条件，忽视了我国农业生产条件的异质性特点，因而这种测算方法的准确性难以保证。

耕地劳动比例法（李仙娥，王春艳，2004）。这种方法通过估算一国农业生产中耕地数量与有效劳动数量的比例来计算农业中的剩余劳动力。该方法的关键在于如何确定耕地与有效劳动之比。一个简单的方法是假设某一年没有农业剩余劳动力，以该年的耕地劳动比例作为系数，同时假定这一比例是不随时间的变化而变化的。农业中的技术进步会对这一比例产生影响，节约劳动型的技术进步会使这一比例增大，而节约土地型的技术进步会使这一比例减小，但因这种方法应用起来相对简便，所以此方法应用比较普遍。

还有研究人员归纳出了其他一些估算方法，如：托马斯·罗斯基和罗伯特·米德的估算方法、上海社科院经济所社会实验室的估计方法、钟甫宁等所运用的估计方法、昌曰东的估计方法、刘纯彬等的估算方法（李志强，2008）。另外，还有直接计算法、农业技术需要法、生产函数法等（李仙娥，王春艳，2004）。但是，任何单一的测算方法直接用于测算一个地区的农业剩余劳动力数量，缺乏一定合理性，因为各地区的地理自然条件和农业生产方式有较大差异，如：人均耕地面积、农业技术和机械化水平以及作物的季节性都有很大的不同。

(3)关于农业劳动力转移的区域性研究

不同地区由于社会经济发展水平不同，地区间农业剩余劳动力转移特征各异。李玉江等人(1999)从区域经济学角度，探讨了农业剩余劳动力转移排斥力、吸纳力以及摩擦力的形成与结构，总结了“吸纳—内转型”、“外推—转出型”、“推拉—综合型”等3大区域类型的基本特征，分析了农业剩余劳动力转移的动力基础，探讨了转移空间结构与转移方向的关系，划分了农业剩余劳动力转移区域类型，指出：“吸纳—内转型”以就地转移为主，这个类型主要分布在经济实力较强的地区和城乡过渡区域，如长江三角洲、珠江三角洲、福建省东南沿海、山东省胶东地区等；“外推—转出型”以异地转移的形式为主，这个类型主要分布在经济较落后的地区，如我国中西部地区；“推拉—综合型”以本地和异地转移两种形式并存，此类型主要分布于发达地区的经济低谷区和城市远郊区，如山东省西部地区、福建省西部和北部地区，广东省北部地区等。这3种类型从侧面反映了不同区域农业剩余劳动力转移的客观环境基础。马广贵(2004)以江苏省两个农村为对象，采用实证的方法，对社区差异与劳动力转移之间的关系作了分析，得出了不同社区经济发展程度差异与劳动力转移的关系。他认为经济发展水平较高的社区，农业劳动力面临的非农就业机会相对较多，个体转移的概率随之提高；反之，社区发展水平越低，劳动力个体选择从事非农的机会下降，个体转移的可能性随之下降。乡镇企业的发展程度以及政府的组织引导是其中起作用的直接因素。孔玲等(2006)在对山东省农业剩余劳动力转移状况的调查时研究时，发现山东省农业劳动力转移表现出明显的区域性，大部分还是在较小的范围内低层次转移，农业劳动力就业半径较小，在本省内农业劳动力转移就业的比重达到93.2％。不同经济、社会发展水平地区农业剩余劳动力转移特征各异，这是农业剩余劳动力区域非均衡性的本质反映(李玉江，吴玉麟，1999)。认真研究分析农业劳动力转移的区域性特点，对于因地制宜指导农业剩余劳动力转移,合理配置我国劳动力资源,有着重要的意义。

1.2.2 农业机械化发展水平研究

国内外关于农业机械化发展研究较多,作者分别把国外和我国农业机械化发展水平的研究文献进行综述。

(1)国外对农业机械化发展水平的研究

国外农业较发达的国家像美国、加拿大、澳大利亚等在20世纪50年代就已经实现了农业机械化,韩国和日本也相继在20世纪60年代至70年代进入农业机械化的高级阶段,因此,国外对农业机械化发展的理论研究已比较成熟。以速水佑次郎和神门善久(2003)为代表,对农业机械的资本与劳动替代关系进行了研究,他们认为增加资本投入,提高农业机械化水平,尤其是提高劳动替代型农业装备水平,是提高农业劳动生产率的重要途径。他们通过截面数据资料,对提高农业机械装备率和增加具有劳动替代效果的资本(农业机械)的投入之间的关系进行了实证研究。在农业劳动力转移与农业机械化水平相关影响方面,Krishnasreni S 和 Thongsawatwong P(2004)运用统计数据对泰国农业机械化水平及发展趋势进行了分析,揭示了大量农业劳动力转移促进了农民对农业机械的购买力不断增加,导致农业机械供不应求。泰国政府为应对这种情况,大力支持农业机械生产,以推动农业机械化水平的提高。另外, Abell M 和 Cedilla P(1999);Moatsim M,Sidahmed 和 Teffeta B(1999)等研究人员还对农业机械化水平特征及发展趋势进行了研究。

(2)国内对农业机械化发展水平的研究

改革开放30年来,我国农业机械化发展取得了许多前所未有的成就,开创了中国特色农业机械化发展的新局面。全国农业机械化发展总体上进入了中级阶段,进入了增机减人(育人、转人)发展现代农业的新时代(白人朴,2008)。伴随着我国农业机械化的发展,国内很多研究人员对我国农业机械化发展水平进行了研究,尤其是在农业机械化发展水平评价指标体系理论和实践方面的研究成果较多。

白人朴(1995)研究了农业机械化水平综合评价方法,建立了农业机械化水平评估的指标体系。乔军(1995)在区分水平评估和实力评估的基础上,构筑了农业机械化水平评估指标体系,建立了评估模型。何勇等(2004)在分析已有农业机械化发展水平评价方法的基础上,提出了粗糙集理论与人工神经网络技术相结合的农业机械化发展水平评价指标简化体系和评价方法,这种指标体系比原来模型少了60%的指标,大大减少了信息的需求量,为农业机械化水平评价提供了一种新的途径。白冬艳(2006)在以往农业机械化评价方法的基础上,提出了用因子分析方法评价农业机械化发展水平,选取反映农业机械化作业水平、保障水平、效益水平的评价指标进行因子分析赋予权重,结合各项指标系数值,建立农业机械化发展水平评价方程;同时,计算出我国31个省、自治区、直辖市的农业机械化综合发展水平评价值。采用因子分析法评价是以数据本身的相关性为依据,避免了其他方法人为赋权所产生的误差。

科学地评价不同地区农业机械化发展水平,是农业机械化宏观管理的重要内容。张淑娟等(2009)在考查山西省农业机械化发展的实际情况的基础上,建立了农业机械化发展的评价体系,对山西省115个县市的农业机械化发展水平进行了综合评价,并利用GeoMedia软件直观展示了全省农业机械化发展水平的空间分布情况,并在此基础上,分析了导致山西省各地区农业机械化发展水平差异的主要原因。米热古丽·艾尼丁等(2008)应用多元统计分析法之因子分析法,以新疆各地区为对象对新疆全区的农业机械化发展水平进行了分析。结果表明,因子分析法将机耕比例、机播比例、机收比例、顷均机械总动力、顷均农业固定资产净值等5个指标降低到单位面积农业机械拥有量和农业机械化作业水平(机耕比例、机播比例和机收比例)等2个因子时,单位耕地面积农机拥有量较多的地区农业机械化作业水平较低,而单位耕地面积农机拥有量较少的地区农业机械化作业水平反而较高。吴维雄等(2008)根据相关研究成果并结合四川农业机械化发展的实际,建立了四川综合农业机械化水平评价指标体系,确定了各指标的标准值、权重、计算公式和综合评价方法。根据四川省2000—2005年的农机统计资料,测算出了各年份的农业机械化发展水平各项指标值,在对结果进行分析的基础上提出了相应建议。骆健民等(2007)根据浙江省农业机械化发展现状,建立了浙江省农业机械化水平评价指标体系,同时结合有关文献确定了浙江省农业机械化水平评价标准,并采用专家调查法确定了各评价指标的权重。最后,利用1993—2003年有关农业机械化统计数据测算出历年浙江省农业机械化水平,评价结果与实际情况基本一致。

(3)农业机械化发展水平影响因素的研究

影响农业机械化发展水平的因素也是研究人员的关注点。傅泽田和穆维松(1998)建立了农业机械化发展的农机动力总量模型,分析了影响农业机械化发展的重要因素,包括种植业劳均负担的作业面积、农民人均收入水平及农业的集约化程度。该模型反映了农机总动力与劳均播种面积、农民的收入水平及粮食单产水平的关系。陈宝峰等(2005)针对定量分析农业机械化发展影响因素困难的问题,依据2002年山西省115个县(市)影响农业机械化水平的10个指标数据,采用逐步回归分析法,建立了山西省农业机械化发展水平影响因素逐步回归模型。模型分析结果表明,山西省农业机械化发展水平的主要影响因素按程度高低依次为:每公顷农业机械总动力、人均国内生产总值、丘陵山地比例、农民人均纯收入、每公顷农业机械原值、农业劳动力占总劳动力比重、无霜期等7个因素。提升综合农业机械化作业水平的关键在于在加强农机动力配备,同时还有赖于国民经济的发展、农业劳动力的合理转移,以及农民收入的提高和适合丘陵山地作业的小型农业机械的研制和推广。宗锦耀等(2008)在对广西农业机械化发展进行调研时,总结了制约广西农业机械化发展的6个因素:一是该区大部分耕地属丘陵山区,地块小,制约了规模种植和农业机械化发展;二是经济基础薄弱,农民收入低,购买能力弱,影响了对发展农业机械化的投入;三是农民科技种田意识不强,接受新技术、新机具速度较慢,不利于农业机械化新技术推广普及;四是农机工业发展滞后;五是农业产业化的良性发展机制尚未形成;六是存在机耕道路、场库棚等农业机械化基础设施建设滞后。农业机械总动力是反映农业机械化发展水平的一个重要指标。邱立春等(1997)应用回归分析方法,将大量的统计资料进行数据处理,把有规律的因果关系变为直观的数学模型,利用辽宁省昌图县和朝阳地区农业机械化年统计数据，经过处理后建立了农业机械化系统因素分析模型，对影响农业机械化系统诸因素进行了量化与分析，得出结论：影响农业机械化发展的主要因素，一是农村经济（人均收入水平）；二是劳动力转移率；三是农业资源，主要指人均耕地面积以及役畜数量；四是农业机械投入。其中农村经济和劳动力转移率对其影响程度较大，而农业资源影响程度较小。

1.2.3 农业机械化发展阶段性和区域性的研究

阶段性是农业机械化发展过程的时间函数，区域性是农业机械化发展过程的空间函数，阶段性和区域性构成了农业机械化发展过程的时空性（杨敏丽，白人朴，2005）。作者对有关我国农业机械化发展的阶段性和区域性研究分别进行综述。

(1)农业机械化发展的区域性研究

白人朴（1995）研究了我国农业机械化的总体水平和地区差异，提出我国农业机械化发展的大格局应按北部、中部、南部来分类，先导地区是大城市郊区、经济发达地区和重要农产品商品基地；指出当时小麦、玉米、水稻 3 大作物生产全过程机械化的主攻重点是播种和收获机械化，在体制、政策上解决好调整产业结构、联产承包与适度规模经营、农业机械化社会服务等问题。穆维松（1995）在建立农业机械化水平评价指标体系的基础上，利用模糊聚类分析方法，对中国农业机械化发展水平进行了分区。杨敏丽、白人朴（2000）在调查与分析我国各地区农业（主要是种植业）机械化发展情况的基础上，对农业机械化的发展进行了地区比较研究与综合评价。由于各地自然条件、社会经济条件、技术条件不同，我国农业机械化的发展呈现出明显的差异性和层次性，北方农业机械化的总体水平比南方高，西南地区是全国农业机械化水平最低、难度最大的地区。通过综合评分法和模糊聚类模型的计算，按照农业机械化发展水平，分为 4 类地区，提出我国农业机械化的发展应按北部、中部、南部来分类指导，实行分区决策、分类实施、重点突破、逐步推进的发展战略。农业部南京农业机械化研究所（2004）针对我国农村经济发展对农业机械化提出的要求，论述了我国农业机械化发展的趋势，认为由于我国地理条件与气候条件的差异、农村人均收入水平低且存在地域间差别。因此，农业机械化在全国不同地区、不同生产条件、不同经济发展水平的条件下，将呈现区域性差异。杨敏丽、白人朴(2005)基于有序样本的分类方法，对我国农业机械化发展水平进行分类研究，将我国不同地区农业机械化的发展划分成不同子样，使整个分类达到某种目标下的最优。据此将我国各省市区(台湾省除外)的农业机械化水平分为4类，各类地区在作业、效益、结构、经济、规模和文化诸方面所形成的综合水平具有显著差异。宗锦耀等(2008)在对广西的农业机械化发展进行调研的基础上，认为广西总体农业机械化水平还比较低，其2007年全区耕种收综合机械化水平仅为19.5%，尚处于农业机械化发展的初级阶段；主要作物关键生产环节农业机械化水平较低，在水稻的机栽植、机械收获水平才分别为0.09%和10.6%，远远低于全国平均水平；甘蔗收获机械化技术尚处于试验研制阶段，人工收获甘蔗劳动强度大、费工费时多、劳动力短缺等矛盾十分突出；各区域农业机械化发展很不平衡，区域间农业机械化发展程度差距较大。

(2)农业机械化发展的阶段性研究

正确认识我国各地区农业机械化所处的发展阶段，是制定和执行正确的农业机械化发展方针、政策和规划的根本依据。在阶段性分析的基础上，对各地农业机械化发展水平进行具体分析，因地制宜、分类指导，促进我国农业机械化事业的持续、稳定发展；因此，我国一些学者对农业机械化发展阶段性进行了研究。

杨敏丽(1998)论述了农业机械化分阶段发展的理论依据，从农业机械的替代效应、农用总动力结构变化、人畜机作业费用构成、农业劳动生产率的变化等4个方面分析了我国农业机械化的现状，得出我国农业机械化仍处于初步机械化阶段的结论，提出应根据分类指导、重点突破的原则，制定相应的农业机械化区划和经济区划，并在农业机械化区划的基础上，结合新情况，拟定不同地区的农业机械化实施方案。白人朴等(1999)在研究国内外有关文献和我国农业机械化实际情况的基础上，以辩证唯物论、系统论和经济效果原理为指导，用定性与定量相结合的方法，提出了农业机械化发展阶段划分的界定方案；参考国际经验，结合我国国情，用农业生产中农机作业所占比重和农业从业人员占全社会从业人员的比重这两个指标来作为划分农业机械化发展阶段的主要标志，把农业机械化的发展过程大体划分为三个阶段，即农业机械化初级阶段（或称农业初步机械化阶段）、农业机械化中级阶段（或称农业基本机械化阶段）、农业机械化高级阶段（或称农业全面机械化阶段）；建立了农业机械化所处发展阶段的模糊评判模型，并用模型对全国及各个省市区农业机械化发展阶段进行评判。白人朴和田志宏（1999）基于动态规划思想提出了一种有序样本的分类方法，能够识别子样间的分点，按问题的需要将整个样本划分成不同子样，使整个分类达到某种目标下的最优。用这种方法把我国31个省份根据农业机械化发展水平的分成了4类地区，不同类别的地区处于不同的农业机械化发展阶段。

1.2.4 农业机械化与农业劳动力转移的相关性研究

国内一些研究人员对农业机械化与农业劳动力转移之间的关系进行了相关的研究，得出了一些结论，但其中大多数是对二者之间关系的定性分析和叙述，缺乏较为系统深入的定量分析研究。

(1)农业机械化与农业劳动力转移关系的定性分析

关于农业机械化与农业劳动力转移之间关系的定性分析较为常见。很多研究认为，虽然农业劳动力转移是众多因素作用的结果，但农业机械化水平的不断提高是促进农业劳动力转移的直接原因。农业机械化是用机械等现代农业装备代替人畜力从事农业生产的过程，在耕地面积有限的条件下，必然有一部分农业劳动力会从土地上转移出来，这是农业机械化对劳动力转移最直接的作用。黄玉祥等(2005)分析了农业机械化促进农业劳动力转移的三个方面原因：一是农业机械化提高了劳动生产率，促使农业劳动力大量剩余。随着农业机械化水平普遍提高，农业的劳动生产率的提高，客观上减少了农民重体力劳动时间，减轻了劳动强度，推动了农业劳动力的转移。二是农业机械化带动了二、三产业的发展。农业机械化带动了农业机械相关行业的发展，从而吸收了大量的农业劳动力从事与农业机具有关行业的生产活动。三是农业机械化促进了农村经济结构的调整。随着农村经济的发展，以家庭承包为基础的农业规模经营将得到迅猛发展，这就为农业机械化的发展提供了有利的条件，同时农业产业化的发展也促进了劳动力的转移。并在分析研究的基础上，认为农业机械化、农业现代化和农业劳动力转移三者间的关系密切：农业机械化是推动农业劳动力转移的重要力量，大量农业劳动力转移将促进农业机械化的发展；农业现代化离不开农业机械化，农业机械化将有力的促进农业现代化；农业劳动力转移是实现农业现代化的内在要求，实现农业现代化就必须转移大量的农业劳动力；反过来，农业现代化将促进农业机械化的发展和农业劳动力的转移。没有农业劳动力的转移，就没有农业机械化，也就没有农业的现代化。李小阳等(2003)研究认为，农业劳动力转移是农业机械化快速发展的前提，农村经济、劳动力转移率是影响农业机械化的主要因素，农业机械化是农业劳动力转移的结果。

(2)农业机械化与农业劳动力转移关系的定量研究

关于农业机械化与农业劳动力转移之间关系的定量研究不多。研究表明：以农业机械化为代表的现代农业生产技术发展水平决定了农业生产对劳动力的需求水平。

杨敏丽等(2003)通过实证研究发现，农业机械化作业水平每提高1%，农业从业人员占全社会从业人员的比重下降约1%，这种模型中关于农业机械化作业水平的测算是一个关键。祝华军(2005)对农业机械化与农业劳动力转移的协调性进行了研究，通过建立模型分析了农业劳动力转移和农业机械化发展的相关性。结果表明：农业机械装备弥补了农业劳动力转移出去后农业生产中的有效农业劳动力空缺，并为农业工业化和城市化提供充足的劳动力供应。同时指出，为保证社会稳定，需要使农业机械化发展进程与农业劳动力转移进程协调。楼江、祝华军等(2006)为了弄清农业机械化对农业劳动力转移的贡献，根据农业机械化统计资料，估计了农业劳动力转移总量和农机净值总量的关系模型，结果表明：全国农机净值增加1亿元，则可支撑4.35万农业劳动力从农业生产领域转移出来进入非农产业。于清东等(2007)利用有关统计资料估算出山东省“十五”期间农业机械总动力由2001年的7 689.6万kW迅速增加到了2005年的9 199.3万kW。全山东省农业机械化水平的不断提高促使更多的农业劳动力转移出来，年转移农业劳动力从2001年的110.3万人迅速增加到2005年的169.2万人。黄玉祥等(2005)通过对农业劳动力和农机总动力的相关统计数据研究，发现了我国农业内部就业结构随农业机械化变化的规律。实证研究表明，1990—2000年这10年间，农机总动力增加了82.2%，拖拉机台数增加了81.8%，而从事农业生产的劳动力却减低了10%。

综上所述，研究者从不同角度对农业劳动力转移问题及相关重要方面进行了研究，如关于农业劳动力转移决定因素、农业劳动力转移的数量测算方法以及农业劳动力转移的区域性等方面的研究，还有一些研究人员对农业机械化发展与农业劳动力转移的相关性进行了探讨。但是，农业生产的季节性较强，在已有的研究中，考虑到季节性条件下农业机械化发展与农业劳动力的转移方面的系统研究不多见。作者在上述研究成果的基础上，考虑了农业的季节性条件，对农业劳动力转移与农业机械化发展进行研究。

1.3 主要内容与主要研究方法

(1)主要研究内容

主要研究内容包括以下七部分：

第一部分，提出研究的问题。在广泛收集和研究国内外相关文献的基础上，对国内外研究现状进行综述，总结前人研究的成果和存在的不足，提出研究方法、主要内容和拟解决的关键问题；

第二部分，农业劳动力转移理论与基本问题研究；

第三部分，我国农业劳动力有效需求量的估计与分析；

第四部分，对农业用工与劳动强度调查的实施；

第五部分，进行农业劳动力需求的季节性特征分析；

第六部分，我国农业机械化发展对劳动力需求的作用分析；

第七部分，总结全文，提出政策建议和对进一步研究的设想。

(2)主要研究方法

主要研究方法包括以下三部分：

第一部分，理论分析。对农业劳动力转移和农业机械化对劳动力的替代作用进行理论分析；

第二部分，实际调研。对主要农作物的各生产季节用工情况及劳动强度进行入户调研；

第三部分，实证分析。对农业劳动力需求的季节性，以及农业机械化水平与劳动力需求、劳动力转移的关系进行实证分析。

1.4 技术路线

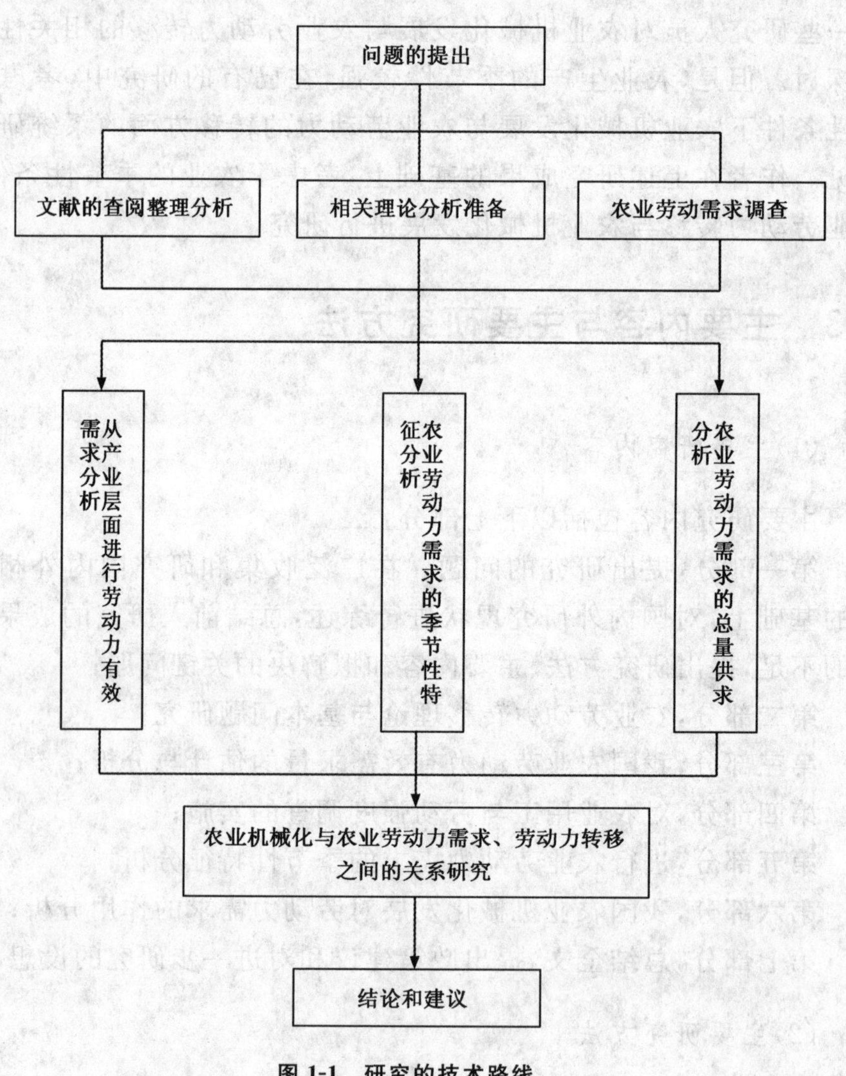

图 1-1 研究的技术路线

1.5 特色与创新点

第一，以粮食（水稻、小麦和玉米）、油料作物（大豆）、棉花等产品为代表，从农产品层面出发测算出我国农业劳动力实际需求的数量，获得了较为可靠的测算结果，解决了目前国内在这方面存在的研究结论较多但结果差异较大的实际问题；作者进一步运用计量模型，测算出我国农业机械化水平与单位面积农作物劳动力需求之间的关系。这些工作都是深化我国农业机械化与劳动力转移理论的基础性工作，相关成果具有一定新意，可以弥补以往研究的不足。

第二，进行了大范围的农业劳动力需求调研。作者在研究过程中进行了大范围的入户调研，获得有效样本 489 份，据此统计分析我国农业劳动力需求的季节性特征。此项工作及其结果具有比较重要的实际意义和理论价值，这在目前相关研究中尚属首次。

第三，在综合考虑农业劳动力需求的季节性的条件下，微观分析与宏观测算相结合，定量识别农业机械化与农业劳动力转移之间的关系，是作者具有探索性的研究工作。作者根据实际情况设计了农业劳动力需求的 5 个方案，模拟分析提高我国农业综合机械化水平对我国农业劳动力需求的影响，揭示了农业机械化发展对农业劳动力供求平衡的影响程度，研究思路和方法具有一定的探索性和创新性。

第二章 农业劳动力转移理论与基本问题研究

农业劳动力转移是社会经济发展过程中的一个普遍现象，很多经济学家从不同的角度对这一现象进行了深入的研究，形成了一些农业劳动力转移的理论成果。作者通过对这些理论进行分析，纵览我国农业机械化的发展与农业劳动力转移的历史演变过程，分析农业劳动力转移存在的问题及其原因，旨在为研究我国现阶段农业劳动力转移和农业机械化的发展提供理论支持。

2.1 农业劳动力转移的基本理论

2.1.1 关于农业劳动力转移的原因及后果的理论

关于农业劳动力转移问题的理论较多，经济学家们从不同的角度对农业劳动力转移问题进行了论述分析。按照研究的对象不同可分为两类：一是从宏观角度来解释劳动力从农业部门转移的主要原因以及造成的后果，代表性理论包括刘易斯的二元经济结构理论、费景汉一拉尼斯理论、托达罗理论；二是从微观角度解释劳动力转移的原因和产生的后果，这部分理论从劳动力个人或家庭利益最大化观念出发，分析家庭劳动力的利用。也有研究人员根据不同理论的特征，将有关理论划分为：古典主义二元经济发展理论、新古典主义二元经济发展理论和凯恩斯二元经济发展理论。

(1)刘易斯理论——二元经济结构理论

美国经济学家刘易斯于 1954 年发表的题为《劳动力无限供给条

件下的经济发展》一文中提出了著名的二元经济发展模型。刘易斯认为,许多发展中国家都存在着两个截然不同的经济部门:一个是城市的资本主义化的工业部门,该部门集中了大量资本,具有较高的劳动生产率;另一个是传统的农业部门,该部门缺乏资本,劳动生产率极其低下,农民仅能维持最低的生活水平,但拥有大量剩余劳动力,并且农业剩余劳动力的劳动边际生产率等于零。只要工业部门需要,就可从农业部门中得到无限的劳动力。随着工业部门生产规模的扩大,可吸收更多的农业剩余劳动力,这一发展一直持续到把农业和工业并存的二元经济变成了一元经济,把不发达农业经济变为较发达的工业经济。

刘易斯的二元经济理论在阐述农业剩余劳动力转移时,基于假设农业部门中存在大量劳动边际生产率等于零剩余劳动力,城市不存在失业,可为工业部门提供无限的劳动力的情况。他的这种假设是理想的情况,与社会现实情况不相符。他只重视了现代工业部门的扩张对农业剩余劳动力的影响,但忽视了农业部门发展和农业科技进步的作用。

(2) 费景汉—拉尼斯理论

费景汉—拉尼斯理论是美国经济学家拉尼斯和美籍华人学者费景汉于 1961 年发表的论文《经济发展中的一种理论》中提出的。该理论是对刘易斯农业剩余劳动力转移理论的改进,在刘易斯的二元经济理论中,忽视了农业由于生产率提高而出现剩余产品是农业中劳动力向工业流动的先决条件。费景汉—拉尼斯理论把二元经济社会发展划分为三个阶段:第一阶段,农业劳动零边际生产率阶段。这与刘易斯理论相似,在此阶段中,农业部门中存在大量的剩余劳动力,他们的边际生产率为零,在工业部门不变的制度工资下,这部分剩余劳动力不断转移到工业部门中去,并且农业生产总量不会减少。第二阶段,农业劳动边际生产率大于零而小于农业平均固定收入阶段。在此阶段中,农业部门中的不再存在显性失业,农业劳动力的边际生产率为正,但是由于工业部门的制度工资仍然高于农业劳动边际生产率,农业劳动力会继续转移,结果会引起农业总产量的减少。第三阶段,农业劳动边际生产率等于或大于农业平均固定收入阶段。在此阶段中，农业部门不再存在剩余劳动力，工业部门和农业部门通过竞争来决定劳动力资源的配置，这时，传统的农业经济就进入了发达的工业经济阶段。

费景汉—拉尼斯理论虽然对刘易斯的理论进行了改进，揭示了二元经济的发展可以通过现代工业部门吸收农业部门的剩余劳动力来实现，并且提出了农业劳动力转移取决于农业技术进步、人口增长和工业资本的增长，但是，该理论基于：只要城市中的工业部门能够支付高于传统农业部门的工资，农业劳动力就会源源不断地流入城市非农产业部门。这种假设与发展中国家的现实情况不相符。其实，发展中国家的传统农业部门和城市的工业部门都存在着一定的失业或就业不足的现象。此外，农业劳动力的成本也会随着农业生产率的提高而提高。因此，该理论仍存在着一些不合理的地方。

(3)托达罗理论

托达罗理论是由美国经济学家托达罗在20世纪60年代末70年代初创立的。他认为农业劳动力是否向城市工业部门转移，取决于“预期”收入的最大化目标。

托达罗农业劳动力转移“预期”理论可以用数学模型表述如下：

$$M=f(d) \quad f'>0 \quad \text{其中}, d=w\pi-r$$

模型中，M 代表劳动力转移规模，d 代表城乡预期收入差异，w 代表现代工业部门实际工资水平，π 代表农业劳动力在城市找到就业机会的概率，r 代表农业部门实际收入水平。M 是 d 的增函数。

根据托达罗理论，只要城乡“预期”收入差异 $d>0$，农业劳动力就会向城市工业部门转移。托达罗还认为在现实中，农业劳动力很少能够从农业部门直接转移到现代工业部门，而是先转移到城市传统部门从事劳动密集型或技术含量较低生产活动。为了减轻城市的压力，他主张在扩展城市的就业机会的同时，大力发展农村的各项事业，使农业劳动力就地转移。因此，托达罗理论比刘易斯和费景汉—拉尼斯理论更符合现实社会的经济生活。

托达罗理论也有其局限性，他认为城市工业部门的就业机会，会招致大量的农业劳动力进入城市，加剧城市失业问题。这与发展中国家的社会现实不相符。多数国家的经济发展过程表明，城市经济部门创造的就业机会远高于农业经济部门，并且一直是吸纳农业剩余劳动力的主要场所。而农业的空间分散型的工业化发展道路，普遍存在成本高、效率低的问题，且要付出环节代价。大量的研究证明，城市失业率的高低与农业剩余劳动力向城市转移没有直接的关系。

(4)乔根森理论

乔根森理论是美国经济学家乔根森于 1961 年用新古典主义的分析方法创立的一种理论。他认为，农业剩余劳动力转移的前提条件是农业剩余。之所以出现现代工业部门，就是因为产生了农业剩余。当农业产出超过了人口所需要的农产品数量时，农业就开始出现剩余劳动力，社会要发展就必须将这些剩余劳动力转移到非农业部门。随着农业技术的不断发展，农业剩余的规模将不断扩大，更多的农村剩余劳动力将转移到非农部门。因此，农业剩余的规模决定着工业部门的发展和农村剩余劳动力转移的规模。

由此可见，乔根森理论是用新古典主义分析方法和以农业剩余为基础的理论，而刘易斯和费景汉—拉尼斯理论是用古典主义分析方法和以剩余劳动力为基础创立的理论。乔根森理论认为工资率是随着资本积累上升和技术进步而不断提高的，而刘易斯等人的理论认为，在全部农业剩余劳动力转移到工业部门之前，工资率由农业人均收入水平决定，是固定不变的。乔根森理论认为，农村剩余劳动力转移到工业部门，是人们消费结构变化的必然结果，而刘易斯、费景汉—拉尼斯理论认为农村剩余劳动力由农业部门转移到工业部门，会提高整个经济的生产率，从而促进经济发展。

乔根森理论虽然摆脱了古典主义的框架，但也存在着一些不足，他假设的农业部门没有资本积累和工资完全弹性等是不符合社会现实的。此外，他的研究始终强调供给因素，而忽视了需求因素在经济发展过程中的作用。

(5)拉克西特模型

在 20 世纪 80 年代，很多发展中国家出现了古典和新古典经济学无法解释的有效需求不足问题，即经济中存在着大量的剩余劳动力和过剩的生产能力。拉克西特在《劳动剩余经济:一种新凯恩斯主义思路》一书中指出,由于商品市场和信贷市场的不发达,使得发展中国家也会存在有效需求不足的问题。他将经济系统分为农业和非农业两个部门组成,农业部门实行的是家庭生产经营制度,假设农业产出和地租是固定的,因此,在大多数人口众多的发展中国家,农业部门无法向工业部门提供无限的农产品,相反农业部门存在着供给约束。而非农业部门是资本主义生产制度,且存在着过剩的生产能力,因此,非农业部门的生产是由需求来决定的。他认为,在两个部门的生产能力、工资和消费倾向给定的情况下,通过调节自发性支出以达到市场出清,就可以获得最大的产出和就业水平。

拉克西特提出了刺激有效需求来促进经济发展观点,从而解决发展中国家在劳动剩余的前提下发展经济问题。

2.1.2 关于农业机械替代劳动力的理论

这里,资本对劳动的替代主要分为两种情况:农业机械装备技术不变情况下,资本对劳动的替代;农业机械装备技术进步条件下,资本对劳动的替代。资本表现为所投入的农业机械数量和质量。

(1)农业机械装备技术不变条件下资本对劳动的替代

图 2-1 中,$d=1$ 为单位等产量曲线,横轴 L 表示劳动力投入,纵轴 K 表示资本(农业机械)投入。可以看出,单位产出所需要的投入可以是 $D_1(L_1,K_1)$,也可以是 $D_2(L_2,K_2)$。对任意给定的资本对劳

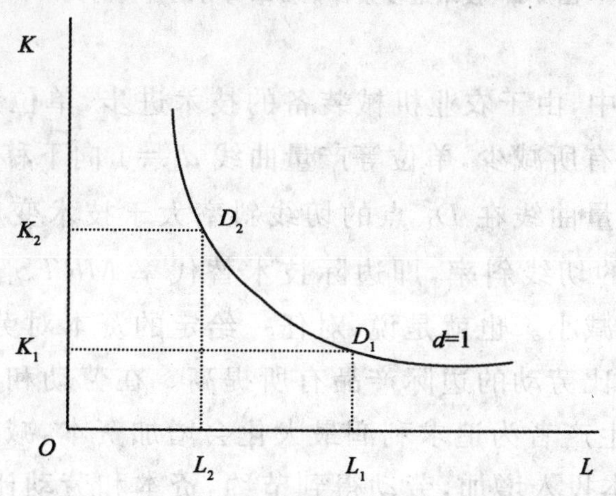

图 2-1 技术不变条件下资本与劳动的替代关系

动的比率，当资本和劳动价格不变时，假定 $D_1(L_1, K_1)$ 表示资本和劳动的最优组合。

当劳动力价格相对于资本价格上涨时，生产者为了使成本最小化，会增加资本投入，减小劳动的使用，资本和劳动最优组合点由 $D_1(L_1, K_1)$ 变为 $D_2(L_2, K_2)$，显然，劳动力由 L_1 减小到 L_2，资本由 K_1 增加到 K_2，此时，资本对劳动实现了替代，K/L 上升。

(2)农业机械装备技术进步的条件下资本对劳动的替代

这里，农业机械技术进步的含义是农业机械装备技术水平的提高，引起相同的资本和劳动投入使产出增加，也就是说单位产出所需要的资本和劳动都有所减少，如图 2-2 所示。

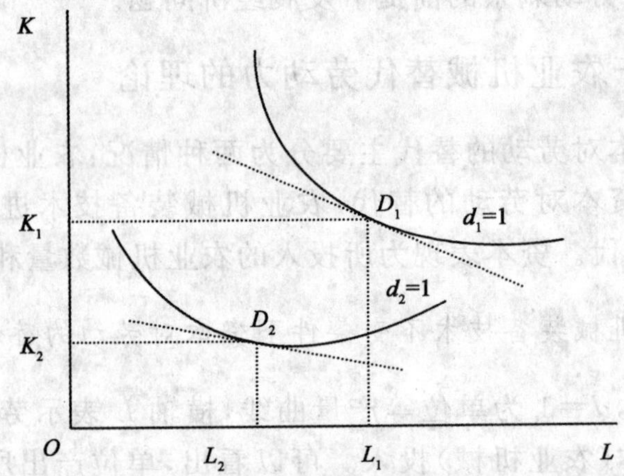

图 2-2 技术进步条件下资本与劳动替代的关系

在图 2-2 中，由于农业机械装备的技术进步，单位产出所需要的劳动和资本都有所减少，单位等产量曲线 $d_1=1$ 向下移动到 $d_2=1$ 位置。单位等产量曲线在 D_1 点的切线斜率大于技术变动后单位等产量曲线在 D_2 的切线斜率，即边际技术替代率 $MRTS_{LK}=-\Delta K/\Delta L$ 较技术变动前减小。也就是说，对任一给定的资本对劳动的比率，资本的边际产品比劳动的边际产品有所提高。在劳动和资本的价格不变的条件下，生产者为追求利润最大化会增加资本，减少劳动力的投入。此时，资本投入增加，劳动得到节约，资本和劳动比率有所增加，即 K/L 将上升，资本对劳动完成了替代。

2.2 我国农业劳动力转移的再认识

对于我国这样一个农业人口占将近70%的国家，提高农民收入一直是农业、农村和农民问题的关键所在，也是整个国民经济实现持续、高速和健康发展的前提。从国际经验来看，农业剩余劳动力向城市和非农产业的转移是推进农业现代化、提高农民收入的关键。改革开放以来，我国已有大量农民工从农业转向非农产业，塑造了劳动力密集型制造业的国际竞争优势，加快了工业部门的资本积累，推动了中国经济的繁荣发展。同时，劳动力的转移也在一定程度上缓和了农村高度紧张的人地矛盾，改善了农业生产条件。农村社会经济水平的提高很大程度上也归因于农业劳动力的转移。然而，我国经济当前仍表现出明显的二元性，农业产业现代化的整体水平还很低。因此，农业劳动力的合理化转移是解决"三农"问题的关键，也是传统的二元经济结构向现代化的一元经济转换的重要内容，是我国实现现代化的必由之路。

农业劳动力转移必须同农业机械化发展相结合。由于我国的13亿人口吃饭主要依靠我国农业自行解决的现实情况，为了保证世界和国内的粮食安全，必须保证我国的粮食生产的稳定，大量的农业劳动力转移，必须由替代农业劳动力的农业机械投入到农业生产中，确保粮食的生产规模。因此，在促进农业劳动力转移的同时，考虑与农业机械化的协调发展是一个不能回避的问题，况且农业劳动力转移与农业机械化之间有着密切的联系。

2.2.1 数据资料来源与说明

本书主要使用《中国统计年鉴 2010》、《中国统计年鉴 2010》以及我国于2006年12月31日开展、2008年6月发布的《中国第二次全国农业普查资料综合提要》数据(时期资料为2006年度)。农业普查采用全面调查的方法，对所有普查对象由普查员进行逐个查点和填报。通过普查，掌握了我国有关农业、农村、农民的基本情况。普查对象为我国境内的农村住户、城镇农业生产经营户、农业生产经营单位、村民委员会和乡镇人民政府。所涉及的全国性数据均未包括台湾省及港澳地区。

一般情况下,我国农业劳动力转移总规模用“农村非农产业劳动力年末人数”(来自于《中国统计年鉴》)来估计说明。本书中同时使用《中国第二次全国农业普查资料综合提要》中“农业从业人员”的全面调查数据资料,更加精确地说明农业劳动力转移的数量规模和结构特征。

2.2.2 农业劳动力转移的基本状况

农业劳动力转移的实质是农业劳动力从土地上分离出来,向非农业劳动力转化的劳动力资源再配置过程。我国农业劳动力转移的发展是与我国对劳动力流动就业政策的放开紧密联系的,这种放开经历了一个从内到外、由紧到松、从无序到规范、由歧视到公平的过程。

(1)农业劳动力转移的阶段划分

如图 2-3 所示,用“农村非农产业劳动力年末人数”表示的我国农业劳动力快速转移,2005 年底已累计达到 20 411.72 万人,是 1978 年的 22.3 倍,平均每年增长 8.5%。对应国家相应政策,这一转移大致可以分为三个阶段(宋洪远等,2008;胡枫,2007)。

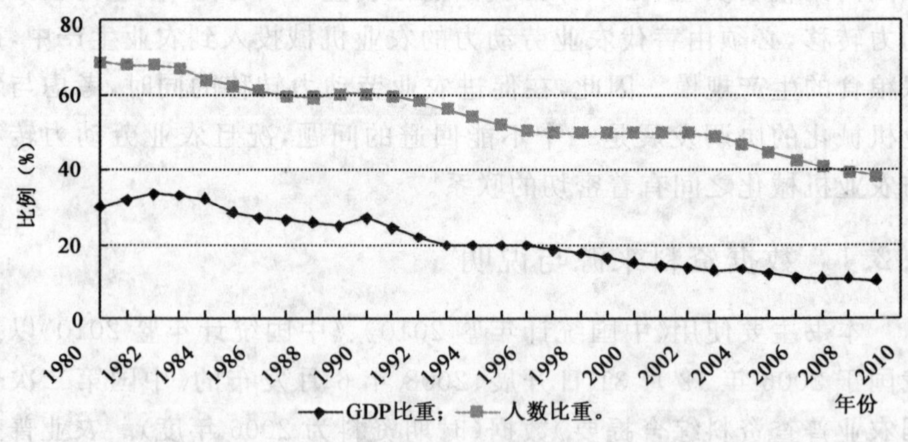

图 2-3 我国第一产业 GDP 和就业人员比重的变化(1980—2009 年)

起始阶段(1978—1991 年)。我国农村的主题是发展和巩固联产承包责任制,同时,国有企业改革逐步推进,乡镇企业迅速发展,农业劳动力转移迅速上升。这其中我国的劳动力流动政策经历了以下3个小阶段:①1979—1983年,控制流动。由于当时国内食品供给不足,不能满足劳动力流动的需要;另外,计划经济时期形成的发展战略和城乡隔绝的体制还没有破除,在这种背景下,政府采取严格控制劳动力流动的政策。②1984—1988年,允许流动。从1984年开始,国家允许农民自筹资金,自理口粮,进城务工,这是我国劳动流动政策开放的一个标志,之后政府又出台了一些政策和措施,允许和鼓励农村劳动力地区交流、城乡交流和贫困地区劳务输出,因此,农业劳动力的转移和流动进入了一个较快增长的时期。③1989—1991年,控制盲目流动。这一时期,劳动力市场管理等方面的不适应逐渐凸现出来,政府开始组织实施劳动力开发就业试点,并保留允许劳动力流动的政策和措施。

缓慢增长阶段(1992—2000年)。随着乡镇企业发展,各种限制劳动力转移的制度逐渐开放,农业劳动力转移规模继续上升。在此阶段,我国劳动力流动政策的主题是:规范流动。在这期间,由于城市下岗职工增加,国家强调根据城市及发达地区的需要,合理引导农村劳动力进城务工,但部分省市出台了限制劳动力进城的规定和政策,因此,劳动力转移缓慢增长。

继续扩张阶段(2001年至今)。随着我国市场化的进一步深化,加入WTO,劳动力流动更加自由;同时,随着农业技术的进一步发展,更多的农业劳动力解放出来,农业劳动力转移进一步加快。这一阶段的主题是:公平流动。从2000年下半年开始,国家关于劳动力流动就业的政策发生了一些积极的变化,一是赋予城乡统筹就业以新的具体的含义,即取消对农民进城就业的各种不合理限制,逐步实现城乡劳动力市场一体化;二是积极推进配套改革,如保障、户籍、教育、住房等多个方面。同时,随着农业技术的进一步发展,更多的农业劳动力解放出来,农业劳动力转移进一步加快。

(2)农业劳动力转移的数量规模

农业劳动力转移的规模分为绝对规模和相对规模,前者为农业劳动力转移的数量,后者为农业劳动力转移数量占总劳动力的比重。农业劳动力转移的速度分为发展速度和增长速度(朱英明和姚士谋,

1999)。其中,发展速度是指某一年的劳动力数量除以上一年度劳动力数量。

表 2-1　我国农业劳动力转移规模和速度

时间	转移规模		年均转移速度(%)	
	数量(万人)	比重(%)	年均发展速度	年均增长速度
1978—1991	7 989.9	15.2	102.7	7.1
1992—2000	5 400.0	7.8	108.4	6.1
2001—2009	3 875.5	5.2	106.6	5.3

数据来源:作者根据《中国统计年鉴》(各年)计算整理。

由表 2-1 可以看出,在起始阶段,我国农业劳动力快速转移,增长速度飞快,这种超常规的高速转移,一方面反映了农村就业结构的巨大变革,另一方面也反映了我国农业的波动性。在缓慢增长阶段,我国农村改革虽然继续进行,但经济和政策环境对农业劳动力转移的刚性约束加强,农业劳动力转移的规模和速度同时减少。在继续扩张阶段,农业劳动力转移的年均增长速度为 5.3%,农业劳动力转移仍在进行。

根据全国两次农业普查的数据(表 2-2),从 1996 年到 2006 年,我国农业劳动力减少 8 253 万人,与统计年鉴中估计的转移规模基本一致。不同的是,在全国农业普查中,根据普查对象的不同,普查数据包括住户和单位两个方面。另外,农业不仅包括种植业、林业、畜牧业、渔业,还包括农林牧渔服务业。

表 2-2　1996 年和 2006 年全国农业从业人员数量　　万人

项　目	1996 年	2006 年	增减数量	增长(%)
住户中农业从业人员	42 499.5	34 246.4	−8 253	−19.4
农作物种植业	40 374.3	32 155.3	−8 219	−20.4
林业	104.0	243.7	140	134.3
畜牧业	1 483.5	1 470.8	−13	−0.9
渔业	293.4	265.6	−28	−9.5
农林牧渔服务业	244.3	111.0	−133	−54.6
单位中农业从业人员	851.1	682.4	−169	−19.8
农作物种植业	483.3	261.2	−222	−46.0
林业	150.5	156.6	6	4.1
畜牧业	84.2	66.4	−18	−21.1
渔业	95.1	65.3	−30	−31.3
农林牧渔服务业	38.0	132.9	95	249.9

数据来源:中国第二次全国农业普查资料(综合提要)。

2.2.3 农业劳动力转移的结构特征①

根据唐洪潜和刘宇(1994)的研究,农业劳动力转移包括产业转移和地域转移两个方面。在农业劳动力转移进程中,主要经历:在产业转移上,由兼业型向分离型的转变,由主要为工业吸收到主要由服务信息业吸收的变化;在地域转移上,由分散转移到积聚转移的变化。农业劳动力转移方向问题,既包括产业转移方向,也包括地域转移方向,既要考虑目前,又要谋划未来。

(1)产业转移

从整体上看,我国农业劳动力转移目前尚处于兼业型、工业吸收为主的分散转移水平。如表 2-3 所示,根据我国第二次全国农业普查资料,从 1996 年到 2006 年,我国农村从业人员有 8 296 万人转移,其中约 2/3 从第一产业转移到第二产业,其余 1/3 转移到第三产业。另外,从表 2-2 中可以看出,农业劳动力的转移主要表现在种植业劳动力的转移上,林业中劳动力数量反而有所回升,这主要是因为林业与工业的密切联系。

表 2-3 1996 年和 2006 年全国农村从业人员基本情况

指 标	单位	1996 年	2006 年	增减数量	增长(%)
农村从业人员数量	万人	56 148	47 852	−8 296	−14.8
第一产业从业人员比重	%	75.7	70.8	−4.9	—
第二产业从业人员比重	%	12.7	15.6	2.9	—
第三产业从业人员比重	%	11.6	13.6	2.0	—

数据来源:中国第二次全国农业普查资料(综合提要)。

这一结果与劳动和社会保障部培训就业司和国家统计局农调总队(2002)的劳动力专项调查的结果一致,工业(包括制造业和采矿业)、建筑业、商业饮食业、交通运输业和其他服务业等低技术部门是农业劳动力转移的主要行业,占全部转移劳动力数量的 80%以上。外出农民由于自身文化素质和就业观念的限制,多从事脏、累、重、苦、险等性质的工作,只有极少数有一技之长或文化素质较高的人涉

①以下“农业劳动力转移结构特征”主要依据《中国第二次全国农业普查资料综合提要》调查数据。

足技术和管理等高级就业领域。

(2)地域转移

一般说来，农业劳动力的转移方式，主要存在以下3种方式：向当地非农产业(主要为乡镇企业)转移；向本省内城镇转移；省际跨区域转移即向本省外的城镇转移(蔡昉等，2000；王光栋和李余华，2004；张林秀，2008)。

根据农业普查，2006年，在外出的就业人员中，在"乡外县内"就业的占19.2%，在"县外(地)市内"就业的占13.8%，在"市外省内"就业的占17.6%，去外省就业的占49%，另外，还有约0.4%在港澳台或者国外打工。这一结果与张林秀(2008)的农村住户调查数据得出的结论一致，即外出务工者外出打工的地方越来越远。

(3)转移劳动力的特征

根据全国农业普查资料可以发现，2006年，在外出就业人员中：①以青壮年劳动力为主。外出务工人员中，21～30岁的从业人员占36.5%，31～40岁的从业人员占29.5%。②以男性为主。外出务工人员中，男性占64.0%，女性占36.0%，这与国务院课题研究组(2006)的《中国农民工调研报告》的结果基本一致，2004年外出务工人员中男性占66.3%，女性占33.7%。③文化程度较高人员的比重较大。转移劳动力中文化程度在初中及初中以上的人员约占80.0%，而文化程度在小学及小学以下的转移劳动力中仅占20.0%。这意味着，农村中文化水平高的劳动力一大部分转移到了非农产业，而文化程度较低的则较难转移。

(4)对农业机械化的客观需求增加

农村大量的青壮年和文化程度较高的劳动力外出务工，造成了农业劳动力结构和质量的重大变化。滞留在农村的劳动力以女性、年长、较低文化的人口为主，农业内部劳动力质量大大降低，严重削弱了农业生产能力。而目前我国农业生产的机械化和科技化水平总体不高，并且发展极不平衡，在一些地区农业靠天吃饭的状况还没有得到根本转变，加之农业生产的季节性较强，劳动强度大，青壮年劳动力大量外出使得早已超过劳动年龄农村留守老人成为农业生产的主力，严重影响了农业生产。因此，目前这种由于农业劳动力转移造成的农业生产能力的降低，客观上对农业机械化的需求增加。

2.3 我国农业劳动力转移面临的主要问题与制约因素

农业劳动力转移是一个复杂的社会经济积累发展过程。农业劳动力转移的特征既是农业劳动力转移过程与社会经济发展过程协调与否的反映，又是制定促进农业劳动力顺利转移宏观调控政策的依据。由以上对我国农业劳动力转移状况的简要勾勒，可以发现，由于历史和现实的种种原因，我国的农业劳动力转移面临着诸多的问题。

2.3.1 我国农业劳动力转移面临的主要问题

(1)农业劳动力转移严重不足

我国农业劳动力转移的首要问题就是转移不足。这主要表现在：第一产业就业比重偏高，而产出比重偏低(表 2-4)，这不仅可以反映出第一产业的劳动生产率偏低，而且反映出农业劳动力转移不足。同时，我国的城市化一直滞后于相应发展水平的标准结构中的城市化率，也反映出我国农业劳动力转移不足的客观现实。

表 2-4 我国各产业 GDP 和就业人员比重

年份	GDP(亿元)	就业人员(万人)	第一产业(%)		第二产业(%)		第三产业(%)	
			GDP	就业人员	GDP	就业人员	GDP	就业人员
2001	109 655	73 025	14.4	50.0	45.1	22.3	40.5	27.7
2002	120 333	73 740	13.7	50.0	44.8	21.4	41.5	28.6
2003	135 823	74 432	12.8	49.1	46.0	21.6	41.2	29.3
2004	159 878	75 200	13.4	46.9	46.2	22.5	40.4	30.6
2005	183 217	75 825	12.2	44.8	47.7	23.8	40.1	31.4
2006	211 924	76 400	11.3	42.6	48.7	25.2	40.0	32.2
2007	249 530	76 990	11.3	40.8	48.6	26.8	40.1	32.4
2008	314 045	77 480	10.7	39.6	47.4	27.2	41.8	33.2
2009	340 506	77 995	10.3	38.1	46.3	27.8	43.4	34.1

资料来源：中国统计年鉴(2010)，由作者整理。

(2)我国农业机械化发展水平的不适应性

农业机械化发展水平的不适应性是造成我国农业劳动力转移不足的主要原因之一。农业机械化能够促进农业劳动力转移,是因为农业机械化能够提高劳动生产率,从而释放出劳动力,促进第二、三产业的发展,增强它们对农业劳动力的吸收能力,从而进一步加快农业劳动力的转移。但是,当农业机械化的发展水平不能很好地适应农业生产的要求时,就难以促进农业劳动力的转移,造成农业劳动力的转移不足。

当前我国农业机械化发展水平的不适应性主要表现在:①农业机械化总体水平不高,刚进入中级阶段,并且发展极不平衡,区域差异较大,不利于对农业劳动力资源统筹规划,影响了农业劳动力的转移。②农业机械的有效供应能力不足,不能很好地满足农业生产的需要。适应作物特点和区域特点的新型农业机械缺乏,特别是适应经济作物生产机械化所需要的机具研发不足,影响了农业产业结构的调整和升级。③农业机械化的社会服务体系建设不足,农业机械化服务水平不能满足目前农业生产的季节性需求。

(3)农业劳动力转移还停留在低层次,即以职业转变为主

农业劳动力转移的内涵包括3个递进的方面:①职业的转变,由以从事农业为主转向以从事非农产业为主;②居住环境的转变,由农村迁入城镇居住,享受城镇的基础设施和服务;③生活方式和生活习惯的转变,形成更加文明向上的生活方式和生活习惯。

目前,我国农业劳动力转移仍处在职业转变的阶段,且以兼业型为主。我国现阶段绝大部分转入非农产业的劳动力并没有完全脱离农业,他们利用闲暇时间或者利用家庭辅助劳动力从事农业生产经营;还有相当一部分属于季节性转移,农忙务农,农闲务工或经商。由于大量农业劳动力转移是以兼业型为主,所以他们始终是劳动力转移中的“游击队”,无法成为城市就业大军中的“正规军”,同时,这种兼业型转移也给农村的城市化、工业化、现代化和规模化经营造成了障碍。

(4)转移劳动力的合法权益问题

从宏观方面看，在农民实现职业和身份转换的同时，却失去了组织依托、保护和相关的制度承认，农民进城后，在户口、就业、社会保障、子女就读等社会权利方面还基本排斥在城市之外。从微观方面看，目前一些企业，包括劳务组织和雇佣企业，违反国家劳动法规，欺诈、侵犯民工合法权益的现象十分普遍和严重，引起了社会的强烈反响。

(5)农村剩余劳动力质量不能满足非农产业和转出地农业发展要求

随着高质量的农业劳动力不断地转向非农产业，农村剩余劳动力的状况也发生了改变。虽然从数量上看，中国仍有超过1.1亿的农村剩余劳动力(国家统计局农调总队，2004)，但主要都是中老年劳动力，以女性为主，且文化程度较低，不易满足当前非农产业发展的需要，这给建立在大量、廉价实用青壮年劳动力基础上的劳动力密集型制造业的比较优势提出了挑战。同时，在农业领域，剩余劳动力素质不高，制约了先进科学技术和管理方式的推广，不利于转出地农业的长期发展。

(6)其他社会问题

随着农业劳动力转移外出务工的地方越来越远，其流动也越来越难监管，这使得：①加重了交通运输的压力。民工的跨省区流动主要靠铁路运输实现，但是铁路运输能力有限，终年都处于超负荷运行状态，到春运期间，客流量骤增，再加上千百万民工流动就更加不堪重负。②增加了计划生育管理难度。流动人口超生不仅给计划生育工作增加难度，而且大多忽视了“优生优育”，使下一代的素质受到影响。③增加了城市负担和管理难度。我国大中城市基础设施本来就大大滞后于生活、工业和城市经济的发展，短短几年的时间千万民工涌进城，使城市不堪重负，加大了城市环境污染、交通负担以及城市管理成本。④增加社会治安问题，社会秩序和治安下降是近年来普遍存在的问题，而大规模的民工流动又加剧了这一问题的发展。

2.3.2 我国农业劳动力转移的制约因素

对于目前我国农业劳动力转移过程中出现的诸多问题，其背后的历史和现实原因是复杂的、多方面的，其中最为直接的因素主要有以下几个方面。

(1)优先发展重工业的工业化道路遗留了沉重的劳动力转移负担

农业劳动力转移与走什么样的工业化的道路密切相关。中国的工业化一开始就选择了优先发展重工业的战略，经济建设的投资向重工业严重倾斜。因此，中国在取得了一定工业化成就的同时，也使农业劳动力大量沉积于农业和农村，使农业劳动力转移背上了沉重的历史负担。

(2)乡镇企业吸纳剩余劳动力的能力下降

改革开放以来，我国乡镇企业主要参与农村工业部门并一直成为转移农业剩余劳动力的主渠道，但近几年来，由于市场竞争激烈和自身治理结构的缺陷，乡镇企业普遍面临着经营困难的局面，无法给农业剩余劳动力转移带来更多的机会，我国乡镇企业转移农业剩余劳动力数量连年递减。因此，必须因地制宜，深化乡镇企业产权制度改革，打破乡镇企业的社区封闭性，使企业真正成为自主经营、自负盈亏、自我约束、自我发展的企业法人主体和市场竞争主体，最终建立起适应社会主义市场经济和社会化大生产客观要求的现代企业制度，增强乡镇企业吸纳农业劳动力的能力。

(3)农业机械化水平亟待提高

农业机械化发展水平不高是制约农业劳动力转移的原因之一。我国农业综合机械化水平不高，刚进入中级发展阶段，且区域发展水平极不平衡，不利于农业产业结构的调整和充分带动二、三产业的发展，不利于充分发挥促进农业劳动力的转移的作用。鉴于目前我国农业发展站在了新的起点上，在实施粮食战略工程中，要更加重视农业机械化的地位和作用，加大对农业机械化科技投入，加快提高农业机械化水平，促进农业产业结构的调整，从而带动农业内部专业分工的细化,以利于先进的农业生产技术和农机装备对转移农业劳动力的替代作用得到加强,促进农业劳动力向二、三产业的转移,以提高农业生产率,增加农民收入。

(4)农业劳动力素质低

农业劳动力素质低是其向非农产业转移的障碍。目前,农业劳动力的综合素质低,造成了转移劳动力队伍的庞大与可供选择就业空间相对狭窄这一矛盾,大量剩余劳动力不能满足我国市场经济发展的需要。一方面,由于农村劳动力的素质低,难以接受先进科技知识,农业生产方式落后、效率低,既不能满足农业现代化发展的要求,也不能进一步释放更多的农业剩余劳动力,使农业劳动力向非农产业转移的基础不稳固;另一方面,农业劳动力的素质偏低也使其适应不了非农产业的发展要求,从而增加了在非农产业的就业难度。同时,转移劳动力素质不高也是引起诸多移民社会问题的根源。提高我国农业劳动力的整体素质,是促进我国农业劳动力转移,加快实现农业现代化的一项长期的战略任务。

(5)农业劳动力转移存在盲目性

随着改革的深化和社会主义市场经济体制的逐步完善,市场在劳动力资源配置中的基础性作用已经越来越重要,但就整体而言,我国目前劳动力市场运作机制不够健全,城乡统一的市场体系还没有真正形成。具体体现在:①供需双方信息不对称。劳动力需求的用工单位与需要谋求职业的民工之间信息相互脱节,待转移劳动力面临的就业信息十分有限,农民盲目外流,至于出去干什么,工资、合法权益是否有保障等一概不知,往往蒙受损失。②促进农业劳动力转移的机制不健全,缺乏面向农业劳动力的专业职业介绍机构以及相应的规章制度,在已转移的农业劳动力中,转移和择业方式均有较大的随意性和盲目性。③自发交易多,行为不规范。招聘形式随意,不合法,用人单位与民工权利义务关系不明确,为劳动纠纷的产生和解决带来不少隐患。④市场规范程度低、秩序混乱。多数劳务组织不正规,欺诈行为时有发生。加上劳动法规不完善,一些企业主和劳动经营者利用管理和制度中的“漏洞”，剥削和压榨农民工。

在这种情况下，农村剩余劳动力的流动难免会处于一种盲目、无序的状态，不仅造成农民工就业难，而且导致了很多相关的社会问题和矛盾。因此，政府应加强对劳动力市场的管理，建立和完善劳动法规和劳动力市场管理制度，规范市场主体行为，提高劳动力资源配置效率，减少劳动力盲目流动。

(6)各种阻碍农业劳动力转移的现行制度

各种阻碍农业劳动力转移的现行制度，是制约我国农业劳动力转移的重要因素。

首先，以我国一直实行控制人口迁移的户籍管理制度为例，随着我国经济的发展，这种制度的弊端逐渐显现，其最大缺陷是限制了生产要素的合理流动与配置，制约了经济社会的发展。城市常以户籍为要求限制外来从业人口，许多农业劳动力虽在城镇工作、居住，但无法取得当地户口，无法平等享受社会权利，造成了农业劳动力转移的不彻底性。很多“民工潮”引起的社会问题的根源就在于现行的城乡分割户籍制度。

其次，社会保障制度。我国社会保障制度仍呈现出明显的二元结构，城市中基本上建立起了以社会保障为核心、以最低生活保障制度为基础的社会保障体系；而在广大的农村，社会保障制度建设严重滞后，土地充当着农民基本生活保障的角色，农民不敢轻易退出，长期以兼业为主，这样既不能保证农业生产质量，又限制了农业劳动力的彻底转移。

此外，分地到户、小片经营的农村土地制度给农业劳动力以“后路”，既然可以维持生活，就不愿出去“冒险”，同时有些人因舍不得把地丢掉，而不愿进城从事其他产业。

因此，要促进农业劳动力的转移，就要改革现行的各种阻碍农业劳动力转移的行政制度，特别是对于我国现行的城乡分割的二元户籍体制，要加大改革力度。同时，建立和完善覆盖城乡的社会保障体系和重视土地政策改革，完善土地自由流转制度，实现农业生产的适度规模经营，从根本上促进农业生产效率，提高农民收入。

2.4 我国农业机械化发展与农业劳动力转移的历史演变

纵观新中国成立以来农业机械化发展历程，发现我国农业机械化事业每一阶段的发展都与农业劳动力的从业状况有着密切的联系。根据农业部农业机械化司对我国改革开放30年中的农业机械化的总结，可以明显看出我国农业机械化事业在改革中前进，在创新中发展，同时伴随着农业劳动力转移的变化。

(1)奠定基础阶段(1949—1978年)

新中国成立以来，党和国家始终把实现农业机械化作为建设社会主义现代化农业的一个重要战略目标，以毛泽东同志为核心的党的第一代中央领导集体，十分重视发展农业机械化，提出了“农业的根本出路在于机械化”的著名论断。到农村实行改革开放前，我国农业机械化事业，逐步建立起农机管理、科研鉴定、生产制造、技术推广、教育培训、销售维修和使用服务体系。在新中国成立之初，国家实行优先发展重工业的发展战略，采用高度集中的计划经济体制，致力于实现工业化，工业部门迅速发展，大批的农业劳动力转移到工业部门。1958年，国家颁布了户口登记管理条例，政府开始对劳动力的转移进行政策干预，农业劳动力转移受阻，直到改革开放前，农业劳动力转移呈现萎缩状态。

(2)体制转换阶段(1979—1995年)

我国农业机械化在改革调整中发展，农业劳动力转移呈现波动状态。从1978年起，我国农村开始家庭联产承包责任制改革，农民有了土地承包经营自主权，激发了农民的生产积极性，农业生产力获得进一步解放，农村经济也得以较快地发展，我国农业机械化事业也随着农业经济的发展进行了一次创新实践。从1978年到1984年，99%的农村地区实行了家庭联产承包责任制(杨德才，2006)。由于以人均耕地为前提的承包责任制形成了超小规模的土地经营农户，大中型农业机械一时失去了用武之地，小型适用的农业机械还未发展起来，所以曾经一度出现农机田间作业面积下降的局面，农业耕种收综合机械化水平由 1980 年的 21.16%下降到 1984 年的 19.21%。面对农村改革中农业机械化出现的新情况，中央提出农业机械化必须有步骤、有选择地进行，工程措施和生物技术措施相结合的工作基本方针。在 1981 年至 1983 年间，虽然实行了家庭联产承包责任制，解放了农业生产力，提高了农业劳动生产率，但由于农业机械化水平没有明显提高，综合机械化水平维持在 19%左右，在劳动力方面，农业劳动力占社会从业人员的比重也在 68%左右徘徊，基本没有发生明显的农村劳动力转移现象，农业剩余劳动力呈滞留状态(表 2-5)。

表 2-5 农业机械化水平和农业从业人员数量情况

年份	农业机械总动力（万 kW）	拖拉机（万台）	耕种收综合机械化水平（%）	农业从业人员数量（第一产业就业人数）（万人）	农业从业人员占社会总从业人员的比重（%）
1980	14 745.7	261.89	21.16	29 122	68.7
1981	15 680.1	281.50	19.08	29 777	68.1
1982	16 614.2	309.94	18.86	30 859	68.1
1983	18 021.9	359.08	19.44	31 151	67.1
1984	19 497.2	415.19	19.21	30 868	64.0
1985	20 912.5	467.64	19.47	31 130	62.4
1986	22 950.0	539.25	20.10	31 254	60.9
1987	24 836.0	618.10	22.04	31 663	60.0
1988	26 575.0	682.82	23.79	32 249	59.3
1989	28 067.0	739.12	24.93	33 225	60.1
1990	28 707.7	779.45	27.00	38 914	60.1
1991	29 388.6	808.85	28.26	39 098	59.7
1992	30 308.4	826.59	29.55	38 699	58.5
1993	31 816.6	860.46	30.16	37 680	56.4
1994	33 802.5	892.98	30.94	36 628	54.3
1995	36 118.1	931.82	31.89	35 530	52.2
1996	38 546.9	986.00	—	34 820	50.5
1997	42 015.6	1 117.39	—	34 840	49.9
1998	45 207.7	1 194.58	—	35 177	49.8
1999	48 996.1	1 278.67	—	35 768	50.1
2000	52 573.6	1 361.82	32.30	36 043	50.0
2001	55 172.1	1 388.07	32.18	36 513	50.0

续表 2-5

年份	农业机械总动力（万 kW）	拖拉机（万台）	耕种收综合机械化水平（%）	农业从业人员数量（第一产业就业人数）（万人）	农业从业人员占社会总从业人员的比重（%）
2002	57 929.9	1 430.56	32.33	36 870	50.0
2003	60 386.5	1 475.76	32.47	36 546	49.1
2004	64 027.9	1 566.79	34.32	35 269	46.9
2005	68 397.8	1 666.49	35.93	33 970	44.8
2006	72 522.1	1 739.72	39.29	32 561	42.6
2007	76 589.6	1 825.39	42.47	31 444	40.8
2008	82 190.4	2 021.91	45.85	30 654	39.6
2009	87 496.1	2 101.42	49.13	29 708	38.1

数据来源:《中国统计年鉴》和《中国农业机械化统计年报》,各年。

注:1996—1999 年,由于耕地面积统计口径不一致,耕种收综合机械化水平数据暂缺。

随着农村经济的发展,国家、集体、农民个人以及农户联合等多种形式经营农业机械的局面开始形成,农民逐步成为农业机械化投资、经营的主体。特别是随着农机产权制度的改革,激发了农民购买农业机械的积极性,进一步促进了农业机械化的发展。到 1995 年,我国小型拖拉机达到 865 万台,比改革开放初期增长了 397%。全国农业耕种收综合机械化水平由 1984 年的 19.21%提高到 31.89%。随着农业机械化事业的发展,长期禁锢在土地上的劳动力得以释放,加上农业生产成本不断上升,农民的收入在 1984 年以后增长变慢,城乡之间的收入差距急剧变大,促使农业劳动力大量向非农产业转移,农业劳动力占社会从业人员的比重从 64.0%急剧下降到 1986 年的 59.3%,出现了改革开放以来的第一次民工潮。1986 年至 1991 年,由于严重的通货膨胀,宏观经济环境恶化,农业劳动力的转移速度减慢,在这几年间,农业劳动力占总从业人员的比重一直停留在 60.0%水平。1992—1995 年,在邓小平南巡讲话后,中国经济进入较快发展期,农村劳动力又一次加快转移,农业劳动力占社会总从业人员的比重从 58.5%下降到 52.2%。

(3)市场导向阶段(1996—2003 年)

以市场为导向,初步探索出一条符合国情的农业机械化发展道路(农业部农业机械化管理司,2008)。在这阶段,把农业生产所需要的大中型农机的放在优先发展地位，积极推进农机服务的社会化和市场化。随着农村经济的发展，广大农民对机械化代耕、代种、代收的生产模式需求十分迫切。在市场需求的推动下，农机服务的社会化、市场化进程明显加快，市场对农机资源的配置作用逐步增强，农机跨区作业迅速发展。据统计，1997 年全国小麦机收比例达到 55%，首次超过人工收割的比例。在跨区作业的拉动下，联合收割机得以迅速发展，从 1995 年的 7.54 万台发展到 2004 年的 40.66 万台，增长了 4 倍多。小麦成为我国第一个基本实现生产全程机械化的粮食作物。农机跨区作业开始从小麦机收向水稻、玉米等农作物的机械化收获和机耕、机播等生产环节拓展，全国农机跨区作业的规模和范围不断扩大，成为我国农机社会化服务的主要模式之一。农业机械服务领域由原来的农田作业逐步向产前和产后延伸，并向多种农作物生产机械化领域进军。截至 2003 年，我国农机总动力达到 6.04 亿 kW，比 1995 年增长了 67.3%，年均增长率为 6.6%。全国农业耕种收综合机械化水平为 32.47%。这期间，农业从业人员的比重一直停留在 50%左右。

(4)依法促进阶段(2004 年至今)

我国农业机械化进入了依法促进、科学发展阶段(农业部农业机械化管理司，2008)。2004 年国家颁布了《中华人民共和国农业机械化促进法》，首次明确了农业机械化在农业和农村经济发展中的法律地位，全面规范了国家支持农民办农业机械化的责任。从科研开发、生产流通、质量保障、推广使用、社会化服务等方面制定了促进农业机械化发展的扶持措施。我国现在总体上已到了“以工促农、以城带乡”的发展阶段。从 2004 年到 2009 年，国家围绕“三农”问题连续 6 年印发中央 1 号文件，都对加快推进农业机械化提出了明确要求和措施，2009 年农机购置补贴也增加到 100 亿元。由于国家的支持和政策的引导，我国农机装备总量持续快速增长，装备结构不断优化，农机社会化服务向广度和深度扩展，农业机械化走上了良性发展轨道。我国农业机械化发展已经由初级阶段跨入了中级阶段，农业发展方式由原来依赖和占用人力资源为主向依靠科学技术和现代农业装备为主转变。至 2009 年，我国农机总动力达到 8.75 亿 kW，比 2003 年

(6.04 亿 kW)增长了 44.9%,年均增长率 7.5%,耕种收综合机械化水平达到 49.1%。农业生产“增机、减人”的趋势明显,农业劳动力占全社会从业人员的比重由 49.1%下降到 38.1%,年均下降约 2%。

2.5 本章小结

(1)本章系统地对农业劳动力转移的主要理论进行了比较分析,明确了各理论适用的社会背景条件

分析了农业机械装备技术不变情况下资本对劳动的替代作用和农业机械装备技术进步条件下资本对劳动的替代作用。总结了我国农业劳动力转移的状况与特征,揭示了农业劳动力转移的过程中存在的一些具体问题,并对其原因进行了分析,文中重点分析了农业机械化因素的作用。对我国农业机械化和农业劳动力转移的历史演变进行了分析研究,特别是对改革开放 30 年来,我国农业机械化发展和如影随形的农业劳动力的转移现象进行了阶段性归纳分析。

(2)改革开放以来我国农业劳动力转移经历了 3 个发展阶段

在起始阶段,我国农业劳动力快速转移,一方面反映了农村就业结构的巨大变革,另一方面也反映了我国农业的波动性;在缓慢增长阶段,经济和政策环境对农业劳动力转移的刚性约束加强,农业劳动力转移的规模和速度同时减少;在继续扩张阶段,国家关于劳动力流动就业的政策发生了一些积极的变化,农业劳动力转移加快。

(3)农业劳动力转移是一个复杂的社会经济积累发展过程

由于历史和现实的种种原因,我国的农业劳动力转移面临着诸多的问题,如农业劳动力转移的首要问题就是转移不足、农业机械化发展水平的不适应性、农业劳动力转移还停留在低层次以及存在转移劳动力的合法权益等问题,这些都是促进农业劳动力转移过程中必须面对和加以逐步解决的问题。

(4)造成目前我国农业劳动力转移不足的因素是多方面的

实现农业机械化是农业劳动力转移的必要条件,农业机械化总

体水平不高，还不能充分把劳动力从土地中解放出来；因此，要加快提高农业机械化水平，提高农业劳动生产率，从而释放出更多劳动力，促进非农产业的发展，增强它们对农业劳动力的吸收能力，从而进一步加快农业劳动力的转移。

(5)目前我国农业劳动力供给出现了新的趋势

由原来的无限供给转变为有限供给，由绝对过剩转变为相对过剩，农业劳动力结构性、季节性、区域性短缺矛盾日益突出。随着农业劳动力向非农产业转移速度加快，迫切需要农业机械来替代人力，以缓解日益突出的劳动力短缺矛盾，保障农业生产稳定发展。与此同时，农业机械化的发展，把农民从传统的农业生产方式和繁重的体力劳动中解放出来，促进了农业劳动力向非农产业转移，增大了农民的增收空间。

第三章

我国农业劳动力有效需求量的估计与分析

我国农业劳动力供求平衡是政府关注的主要目标之一，农业产业发展对劳动力的需求，在很大程度上决定了可以转移到其他产业的劳动力数量。在对比分析其他研究者获得的研究成果的基础上，本章根据农业产出情况做出估计，旨在得到农业产业容纳劳动力数量的下限。作者在估计中考虑到农业的具体产业层面和时间序列变化。

3.1 前人对我国农业劳动力需求量的估计

农业部门存在着大量的剩余劳动力是我国基本经济特征之一，前人从多个角度进行研究，已经获得了许多研究结果。遗憾的是，虽然研究比较多，但面临着两个问题：一是结果的差异性较大，二是估计比较粗糙。

作者通过文献分析，详细查询并整理汇总了前人的研究结果（表3-1）。学者们认为，随着农村经济改革的不断推进，农业剩余劳动力转移日益增长，增长速度有下降的趋势（吕健、蒋伟，2008），绝大多数学者认为农业剩余劳动力的绝对数和比例有所提高，但劳动力转移的数量与剩余劳动力相比，却十分的少（汤福霞、徐惠，2007）。可见，我国农业剩余劳动力队伍庞大，需要向外转移的任务艰巨，这和城镇对农业劳动力吸纳能力的有限性之间形成鲜明对比，使我国面临着农业剩余劳动力转移的巨大压力。

表 3-1　我国农业剩余劳动力转移和农业劳动力需求的研究结果　　亿人

年份	研究者	农业剩余劳动力	农业剩余劳动力转移	农业劳动力需求
2002	于小妹	—	0.94	—
2003	卢东宁	—	1.3	—
2004	徐平华	1.7	—	0.75
2005	李锦耀	2.6	1.36	—
2005	祝华军	1.5	—	最多 1.7
2006	张志忠	—	2.1 左右	—
2006	蔡 昉	0.25～1.07	2～2.3	1.78～2.28
2006	侯娟娟	—	—	1
2008	陈振华	—	—	1.7

说明：由作者根据文献整理。

也有学者认为，我国农村发生了巨大变化，劳动力配置状况也发生了改变，蔡昉(2006)通过反设事实法重新考察劳动力剩余的数量和比例，经过推算得出不同的劳动力转移规模和农业劳动力需求量，农业剩余劳动力为 2 481 万～1.07 亿，证明了农村已经不存在大规模和高比例的剩余劳动力，农业剩余劳动力转移的压力并没有那么严重。

研究者们对我国农业剩余劳动力和农业劳动力需求数量进行估算，他们采取的估算方法存在差别，导致估算结果大相径庭。作者归纳总结学者们对农业剩余劳动力的估算方法，发现主要有三种：第一种方法是用当年劳动力总数乘以农业劳动力占农村总劳动力的比重，得到农业剩余劳动力转移数量，如汤福霞(2007)利用此法得到 1999 年劳动力转移规模为 2 992 万。这种方法仅仅考虑显性剩余劳动力，未考虑隐性剩余劳动力，可能会造成低估。第二种方法是把农业剩余劳动力看成是显性剩余劳动力和虑隐性剩余劳动力之和，以便估算出合理的剩余劳动力。李锦耀(2008)利用韩纪江提出的模型来计算农业剩余劳动力，得出 1996—2005 年我国农业剩余劳动力净增 1.01 亿的结果。第三种方法是假设农业剩余劳动力转移基本完成，即农业劳动力占劳动力总数的比重在 10%以下，估算出农业劳动力需求量。徐平华(2006)认为农业生产中只需保留 7 500 万人(不考虑劳动力增量因素)，约有 2.8 亿农业劳动力需要转移出去。

在估算农业劳动力需求数量上，大多学者采用定额测算法，定额法有两种形式：一种是确定一个劳动力可以经营的土地面积，然后根据该地区的土地面积来推算各种土地需要的劳动力数量。祝华军(2005)通过此法估算出我国的农业生产最多只需1.7亿劳动力，还有约1.5亿农业劳动力剩余；第二种是根据各种农业生产需要的劳动力数量乘于相应的农业生产量来计算需要的劳动工日，将每种农业生产的劳动工日加总，除于每个劳动力一年的出勤天数，就是从事农业生产活动需要的劳动力数量。蔡昉(2006)假设农业劳动力需求量为种植业和饲养业劳动力需求量之和，用农业所需劳动日总数除以每个劳动力每年的劳动日数，得到农业劳动力需求总量为1.78亿～2.28亿。

综上所述，近年来的研究成果比较多，但关于农业劳动力需求数量具体结果存在着较大差异，各个研究成果之间可比性较差。为此，作者进行较为系统的测算分析，旨在给出一个可借鉴的测算过程，得到相应的结果。

3.2 我国农业劳动力有效需求量的估计方法

在此，本书分两部分来叙述我国农业劳动力有效需求量的估计：一是给出作者的估计方法和要点，二是给出本书所用的数据资料口径与来源。

3.2.1 估计方法

(1)选择代表性农产品

我国生产的农产品种类非常多，考虑到全面测算的难度，以及有关单位面积、单位产品需要劳动力数量方面数据资料的不可得，作者选择了7类代表性农产品进行估计，并据此推算整个农业的劳动力需求数量。

所选择的代表性农产品包括谷物(小麦、水稻和玉米)、大豆、棉花、猪和家禽。根据2005—2007年的统计数据，代表性农产品的产值占当年我国农牧业总产值的55%～57%，占当年我国农林牧副渔业总产值的46%～48%(表3-2)。不难看出，产品选择具有很强的代表性，可以满足我国农牧业劳动力有效需求估计的需要。

(2)劳动力需求量的估算方法

本书定义下列变量：

i：第 i 种代表性产品的标记，$i=1,2,\wedge,n$；

t：年份标记；

l_i^t：第 t 年第 i 种产品单位面积(产量)的劳动力需求量(工日)；

q_i^t、p_i^t：第 t 年第 i 种产品的单位面积产量和单价(元/kg)；

r_i^t：第 t 年第 i 种产品单位面积的产值(元)；

S_i^t：我国第 t 年第 i 种产品的种植面积或者养殖规模；

R_i^t：我国第 t 年第 i 种产品的总产值(元)；

R_t：第 t 年我国农牧业总产值(元)；

α_t：第 t 年代表性产品的产值比重(%)；

β_t：第 t 年每个农业劳动力的工作天数(工日)；

L_i^t：第 t 年第 i 种产品的劳动力需求量(亿劳动力)；

L_t：我国第 t 年农牧业生产的劳动力需求量(亿劳动力)。

可以得到，

$$L_i^t=\frac{R_i^t}{l_i^t}=\frac{S_i^t r_i^t}{l_i^t}=\frac{S_i^t p_i^t q_i^t}{l_i^t} \tag{3-1}$$

$$\alpha_t=\frac{\sum_{i=1}^{n} R_i^t}{R_t}=\frac{\sum_{i=1}^{n} S_i^t p_i^t q_i^t}{R_t} \tag{3-2}$$

$$L_t=\frac{\sum_{i=1}^{n} L_i^t}{\alpha_t \beta_t} \tag{3-3}$$

据此，可以得到某年某一代表性农产品的劳动力需求数量，推算出我国农牧业生产所需要的劳动力总量，也可以进行各个年份农牧业生产所需要的劳动力总量的对比与趋势分析。

(3)估算方法的若干要点

估计结果的精度是至关重要的，它取决于下列4个因素：

第一，数据的可靠性。作者对相关的历史数据进行了细致的对比分析，并且采用了具有权威性的统计资料，原始数据的准确性，以及由此得到的比例推算值的可靠性是有保证的。

第二，所选择的农产品的代表性。作者选择的产品覆盖了我国生产的主要农产品，产品结构在相当长的时间内不会发生大的变化；相关产品产值占我国农牧业总产值56%左右，能够充分反映出整体的劳动力需求状况。

值得一提的是，未纳入考虑的主要包括蔬菜、水果等大宗种植产品，还有一些养殖业产品和部分经济作物，这些产品的相关数据难以得到或者不完整。如果考虑到这些产品劳动力需求与本书选择产品之间的相似性，可以认为所得到的结果是可靠的。从经济学的角度来看，我国农户的兼业性特征非常突出，劳动力在不同产品之间的配置具有一定的灵活性，其边际生产率即具有一致性，至少不会产生较大的差异。

第三，参数 β_t 的取值。在给定的年份，每个农业劳动力的工作天数估计对我国劳动力需求的估计有很大影响，这是一个较难处理的参数。

对此，作者有两种考虑。一是按照每个社会劳动力应该工作的工日数来估计，这样就忽略了农业生产的季节性，这样得到的是我国农业生产需要劳动力数量的下限，与表3-1中的前人研究结果具有可比性；二是在此基础上考虑到农业生产需要劳动力数量的季节性特点，估计出劳动力需求高峰季节的需求量，以及对上述结果的一个实际修正。本章主要分析第一种情况，第二部分工作本书在后续章节中完成。

第四，对区域性差异的考虑。我国农业生产的区域性特征非常明显，各地的产业结构、农业生产方式、机械化程度差异较大，考虑本书主要进行宏观总量分析，以及数据可得性、具体工作量和时间限制，相关参数的选择均采用全国平均水平。如果进行区域性结果的叠加，相关结果会更加准确。

3.2.2 数据资料来源

作者进行我国农业劳动力需求量估计，所用的资料来源主要包括：

①农业产值资料。主要包括我国历年的农业总产值、主要农作物产值、主要农作物种植面积与产量等数据资料，取自《中国农业年鉴》和《中国农村经济统计年鉴》。

②代表性农产品生产的用工和产值资料。主要包括单位面积用工数量、单位面积产量与产值，取自国家发展和改革委员会价格司的《全国农产品成本收益资料汇编》，作者根据具体情况分别使用了全国数据和地区数据。

③部分农业产值、农产品生产数据的历史序列，取自农业部《中国农业发展报告》、《中国统计年鉴》和《中国农业年鉴》。

3.3 我国主要农产品生产的劳动力有效需求量及分析

表 3-2 是作者得到的我国农业劳动力需求量估计结果。在 2005 年、2006 年和 2007 年，我国农牧业生产所需要的劳动力数量为 1.39 亿～1.77 亿。如果考虑到大农业范围内的林业和渔业，就业人数大约占农业总体的 10%左右（根据《中国农业年鉴》数据的推算值），我国农林牧渔业生产所需要的劳动力数量应该为 1.54 亿～1.96 亿。

将作者的估计结果与表 3-1 中的结果进行比较，徐平华（2006）、侯娟娟（2006）的结果明显偏小，作者得到的结果与祝华军（2005）、陈振华（2008）的数据有一致性，蔡昉（2006）的结果稍微偏大一些。

由于表 3-2 中数据没有考虑农业生产的季节性，可以看成是我国农业生产有效劳动力需求的下限，以及宏观估计结果。而对于更加符合实际的劳动力需求数据，则应该在此基础上按照季节性集中度进行修正。

表 3-2　我国农业劳动力需求量估计

项目		年份		
		2005	2006	2007
代表性作物的产值(亿元)	谷物	6 650.7	7 043.8	7 869.7
	油料	957.9	987.0	1 226.2
	棉花	878.2	1 016.7	1 246.1
	猪	6 443.5	6 336.7	8 132.9
	家禽	3 728.3	3 765.2	4 202.6
占农牧业产值比重(%)		56.7	57.0	55.6
占农林牧副渔业产值比重(%)		47.3	46.9	46.4
代表性作物的劳动生产率(元/工日)	谷物	57.0	67.6	81.7
	油料	68.9	89.7	103.1
	棉花	45.2	48.3	54.5
	猪	74.6	120.1	156.1
	家禽	265.2	346.8	430.6
代表性作物劳动力需求估计值(亿人)	谷物	0.47	0.42	0.39
	油料	0.06	0.04	0.05
	棉花	0.08	0.08	0.09
	猪	0.35	0.21	0.21
	家禽	0.06	0.04	0.04
	小计	1.002	0.799	0.772
我国农业劳动力需求估计值(亿人)		**1.768**	**1.403**	**1.388**

说明:作者计算结果。

在此作者进一步讨论我国农业生产的劳动力需求量,以及可能进行产业转移的劳动力数量。

表 3-3 是我国乡村劳动力数量。可以看出,随着我国人口数量的增加、产业结构的变化和城镇化的推进,从 20 世纪 80 年代初到 90 年代中期乡村劳动力数量一直是增加的,从 90 年代末开始出现了下降趋势。扣除了乡镇企业、私营企业的劳动力和个体经营者,近年有 2.8 亿～2.9 亿劳动力被留在农业生产中,显然有 0.9 亿～1.2 亿劳动力富余,这些资源要么转移到其他产业,要么以低生产率滞留在农业产业中。

表 3-3　我国乡村劳动力数量　　万人

年份	乡村劳动力	乡镇企业、私营企业和个体经营者
1980	31 836	3 000
1985	37 065	6 979
1990	47 708	10 869
1995	49 025	16 387
2000	48 934	16 892
2005	48 494	18 760
2006	48 090	19 459
2007	47 640	19 949
2008	47 270	20 398
2009	46 875	20 992

资料来源：作者根据《中国统计年鉴 2010》整理。

具体来看，如果考虑到现在从事乡镇企业、私营企业的劳动力和个体经营者的兼业行为，上面估计的劳动力富余数量可能会更大一些。由于农业生产的季节性，在特定的时期需要更多劳力，这是农村劳动力低效率滞留的重要原因。

3.4　我国农业生产的劳动力有效需求的历史变化

除了种植制度的变化，农业生产的机械化程度是影响农业生产劳动力需求的重要因素，机器作业代替人工劳动，将农业劳动力从繁重的体力劳动中逐步解放出来，单位劳动的产出因此得到大幅度提高。这一过程如图 3-1 所示。

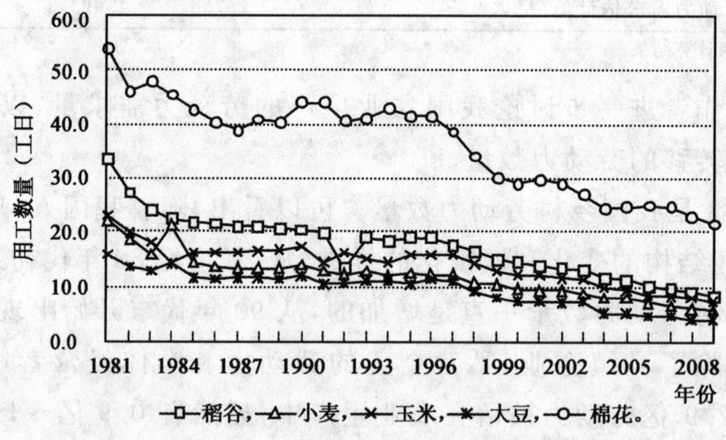

图 3-1　主要农产品生产中的每亩*用工量(1981—2009 年)

资料来源：全国农产品成本收益资料汇编. 各年

* 1 亩≃0.066 7 hm^2，以下同

我国单位面积农产品的用工量持续下降，在1981—2009年中，我国水稻、小麦、玉米、大豆和棉花的亩用工量年平均下降4.27%、4.15%、3.64%、4.43%和3.04%。

如果用单位劳动获得的主产品数量（实物量）来衡量，在这29年中，这5种产品的劳动生产率分别提高了229.0%、362.8%、190.9%、277.3%和174.8%。从中不难看出，小麦机械化水平的提高效果最为明显，全程机械化促进了生产率的大幅度提高；水稻、玉米和大豆的生产率提高幅度基本相当，2009年的生产率是1981年的2.8倍左右，实现主要环节的机械化是其重要支撑；棉花的幅度相对较小，重点环节的机械化水平不高形成了限制。

表3-4是用最小二乘法对主要农产品每亩用工量的时间序列变化进行的估计。具体估计方法参见附录1，估计结果见表3-4，模型检验结果表明，5个模型均在1%水平上显著。

从表3-4中可以得到的结果与前面的分析基本一致。可以预测，随着我国农业机械化水平的逐步提高，单位农产品生产需要的劳动力数量逐步减少；按照保守的增长率估计，农业产业劳动力需求量会在今后15～20年中大约减少一半，劳动力转移的空间很大。

表3-4　我国主要农产品用工量的时序变化

产品	变化率参数(%)	t值与显著性
水稻	−3.81	−15.3**
小麦	−3.86	−17.4**
玉米	−3.06	−11.4**
大豆	−4.40	−12.7**
棉花	−2.84	−13.4**

说明：** 表示1%水平显著。

表3-5是劳动力费用在农产品成本中的比重，它反映了劳动力在农业生产中经济贡献。可以看出，在1996—1997年间，该比例出现了显著的逆转：在此之前，用工数量的减少不能抵消工费的上涨，比例数值不确定变化；在此之后，用工数量的减少起到主要作用，明确地将劳动力成本比例拉下。

表 3-5 我国主要农产品成本中人工费用的比重 %

年份	稻谷	小麦	玉米	大豆	棉花
1981	46.6	40.4	46.5	47.8	53.8
1982	40.5	36.0	41.8	43.3	48.8
1983	38.6	32.6	38.3	39.9	46.7
1984	44.0	39.4	44.3	48.0	54.0
1985	42.5	36.2	42.6	45.9	53.0
1986	40.7	33.3	41.2	44.3	51.0
1987	43.9	37.2	44.4	49.9	53.9
1988	40.0	35.8	43.3	46.8	53.0
1989	38.1	34.4	41.9	46.0	51.4
1990	39.3	35.2	42.5	48.5	53.3
1991	37.5	32.5	38.1	45.3	49.8
1992	40.7	34.2	44.0	47.9	50.7
1993	42.5	35.7	45.2	47.9	53.1
1994	41.1	36.1	41.8	49.6	56.9
1995	43.4	37.6	41.5	46.2	54.2
1996	46.4	38.9	49.1	53.6	60.9
1997	45.8	39.2	49.5	51.2	59.3
1998	45.7	36.6	47.5	50.6	56.0
1999	43.6	35.4	45.7	47.1	55.1
2000	45.7	36.2	47.3	48.6	56.2
2001	46.3	38.2	48.5	50.1	58.3
2002	45.9	38.6	47.1	51.3	59.1
2003	45.1	38.7	47.2	50.5	55.6
2004	37.7	31.4	44.7	29.3	47.7
2005	37.6	31.1	37.8	30.1	50.2
2006	36.0	29.6	36.4	30.6	50.9
2007	35.0	28.4	35.5	30.1	50.8
2008	32.3	26.7	33.8	25.4	48.8
2009	33.2	25.7	35	27.4	50.2

资料来源:《全国农产品成本收益资料汇编》,各年。由作者计算。

3.5 本章小结

①我国农业生产中的劳动力有效需求量估计，是研究农业劳动力转移的关键，也是我国农业持续稳定发展的重要保证。前人已经完成了大量的测算分析，但是，不同研究者的研究结果差异很大。为此，作者从农业生产率、单位产品用工的角度出发，进行了细致的定量测算与分析。所得到的结果与现有研究结论存在一定差别。

②作者选择了小麦、水稻、玉米、大豆、棉花、猪和家禽等7种产品作为代表性农产品，测算了2005—2007年农牧业劳动力有效需求量，这些产品的产值占当年我国农牧业总产值的55%～57%，产品选择具有很强的代表性。结果表明，我国农牧业生产所需要的劳动力数量为1.39亿～1.77亿，农林牧渔业的劳动力需求为1.54亿～1.96亿。

③研究表明，除了从事乡镇企业、私营企业的劳动力和个体经营者，我国最少还有0.9亿～1.2亿农业劳动力富余，这些劳动力中的一部分转移到其他产业，还有一部分以低生产率滞留在农业产业中，农业生产季节性集中是这部分农村劳动力低效率滞留的重要原因。

④在1981—2009年间，我国主要农产品的亩用工量年平均下降2.84%～4.40%。劳动生产率大幅度提高，水稻、小麦、玉米、大豆和棉花劳动生产率分别提高了229.0%、362.8%、190.9%、277.3%和174.8%，这些变化可以很好地用农业机械化发展情况来解释。

⑤作者详细估计了1981—2009年间我国主要农产品的亩用工量的变化规律，得到了具有一致性的结果；对我国主要农产品成本中人工费用比重的测算和分析得到了有意思的结果，在1996—1997年开始，我国农产品单位面积用工数量明显减少，劳动力成本比例下降。按照保守的估计，我国农牧业生产所需要的劳动力数量会在今后15～20年中减少一半，农业劳动力转移的空间很大。

第四章

农业用工与劳动强度调查:问题、方案与实施

研究农业劳动力的转移和农业机械化的发展问题,需要了解和掌握农业生产过程中劳动力的实际需求和各生产环节的劳动强度情况。作者采用入户调查的方法,选择典型地区开展大范围系统调查主要农作物在生产过程中的每个具体环节实际需求的劳动力数量,调查农业机械化在农业各生产环节的应用状况以及农民对各生产环节的劳动强度的反映情况。

4.1 调研工作思路

开展调研工作之前,要明确调研的目的和实施调研要解决的主要问题,如调研地区的选择和确定调查人员等。

4.1.1 调研目的

在此之前的研究人员在进行有关农业劳动力转移与农业机械化发展的研究时,主要使用统计数据来进行分析及相关推算,但农业的区域性差异较大,季节性特征明显,不深入农户进行详细调研,仅用一些统计数据不能准确反映不同区域、不同季节劳动力转移与农业机械化的发展和农业机械的应用情况。为了深入研究我国农业劳动力转移与农业机械化的发展,需要了解掌握农业劳动力转移和农业机械化发展的一些主客观因素,特别是农民在整个生产周期中的实际投入的劳动力数量和劳动强度以及农业机械在农业生产各环节的

应用情况。为此，作者准备大范围系统地对典型地区农业用工和劳动强度情况进行调研。

4.1.2　要解决的主要问题

(1)确定调研区域

在调研样本的选择方面，有以下两种思路：一种思路是先确定要研究的主要作物种类，如小麦、水稻、玉米、大豆、棉花等，针对每一种作物选择样本省份，比如将每一种作物的前三个主产省作为这一种作物的样本省。这种思路的优点在于对每一种作物的代表性都比较强，但缺点是可能要调查的省份数量较多，因为考虑的作物可能比较多；另外一种思路是选择较多的省份作为样本，要求这些省份尽可能地覆盖所考虑作物的种类，在每个省中都对所种植作物进行调查。这种思路的优点是样本总量(省、县和农户)较少，但缺点是对某一种作物而言代表性可能降低。考虑到实际操作的可行性，作者选择了第二种思路。

(2)选择调查人员

在选择调查人员方面，考虑到调研人员最好对所调研的地区农业生产和农村生活比较熟悉，能够准确理解问卷中的有关问题，并能与调查对象进行有效沟通交流所要调研的项目。同时还考虑到调查人员的责任心以及所学专业背景等，准备在中国农业大学工学院和信息与电气工程学院的一年级大学生中选择了家在所调研地区的农村学生。

4.2　问卷设计

调研的成败，问卷设计是关键。作者根据所研究的课题从问卷的结构，所调研问题的提出方式以及其中的关键点等，对调查问卷进行了精心设计。具体调查问卷见附录3。

4.2.1 问卷的结构

该入户调查问卷分为农户基本情况和主要农作物用工情况和劳动强度两大部分。

第一部分，农户基本情况调查。共设计了 15 个问题，包含 50 项具体内容。主要调查内容有：农户家庭拥有的耕地状况，包括耕地规模、分布地块、人均耕地和地形等；农户的家庭劳动力状况，包括专门从事农业生产的劳动力数量和外出打工劳动力数量以及兼业的劳动力数量；农户家庭主要生产经营情况，包括主要种植和养殖情况；农户家庭的年收支情况，包括家庭总收入、农业收入、非农收入以及用于农业生产的投入、雇用农业劳动力的支出、雇用农业机械的支出等；农户家庭的农业机械化状况，包括拥有的农业机械、使用农业机械的主要原因、制约当地农业机械发展的主要因素、农户购买农业机械的意愿以及接受农机培训的情况等；较大劳动强度的农业生产环节调查；农户希望经营的土地规模调查等。

第二部分，关于主要农作物用工情况和劳动强度的调查。本部分所要调查的主要目标是：根据当地的种植结构，对每一种主要农作物在一个完整的生产周期内，即从准备播种一直到收获完成，整个过程中的各主要生产作业项目，如耕地、播种、插秧、间苗、除草、灌溉、施肥、收割等所占用的劳动工时情况。本部分还包括了各生产环节雇用劳动力和雇用农业机械的费用（价格）状况以及雇用农业机械的最高费用支付意愿（即该项作业雇用机械可接受的最高价格）等。另外还有对各生产环节的劳动强度调查的内容。

4.2.2 调研地区选择

作者按照确定调研样本的第二种思路，分别在东北选择了黑龙江、吉林、辽宁 3 省，在华北选择了河北、山西两省，在华东选择了山东、江苏、安徽、江西四省，在华中选择了河南和湖南两省，在西部选择了陕西、甘肃两省，在华南选择了广西。这些被选择的省份在农作物种植和农业生产各方面具有代表性。在以上每一个省份又选择了 5～10 个县（市）。调研地区的具体分布见表 4-1。

表 4-1　调研地区的具体分布情况

省份	市(县)	省份	市(县)	省份	市(县)
山东省	平度	江西省	樟树	安徽省	凤台
	邹平		吉安		颍上
	高密		泰和		淮南
	乳山		新干		肥西
	莱州		进贤		亳州
	新泰		万载		枞阳
	临沭		九江		六安
	淄博		宜春		太和
	日照		芦溪		庐江
			萍乡		宿松
河南省	宝丰	山西省	平遥	陕西省	合阳
	禹州		阳泉		洋县
	郏县		太原		汉中
	沈丘		壶关		佳县
	临颍		长谷		三源
	延津		晋城		耀县
	通许		泽州		武功
			长谷		榆林
					绥德
黑龙江	依兰	河北省	肥乡	广西区	北海
	双鸭山		深州		合浦
	集贤		遵化		柳州
	佳木斯		隆尧		上思
	富锦		清苑		临桂
吉林省	双辽	甘肃省	临泽	江苏省	如东
	镇赉		金塔		海安
	靖宇		敦煌		射阳
	蛟河		天水		泗洪
	临江		会宁		六合
辽宁省	宽甸	湖南省	平江		
	盖州		松滋		
	东港		醴陵		
	新民		新邵		
	凌源		永州		

4.2.3 问卷设计的关键点

在入户调查问卷的设计中，存在 3 个关键点：

第一，关于问卷的第二部分分别对不同作物设计了调查表，因为不同作物的作业环节与时间是不一样的，这样对于某一农户，涉及哪种作物就填写哪种作物的表，比较单纯，便于农民能够较为准确清楚地回忆每一生产环节的用工数量，同时也便于调研后期的数据处理工作。

第二，在调查某一种农作物在一个生长周期内所需要花费的人工数量的时间序列时，最小时间单位以半个月为一基本单位，主要是考虑便于农民较准确回忆在一个时间段的用工数量同时兼顾到保证一定量的数据点。如果选择时间单位较小，则不便于农民回忆较准确的用工数量；如果选择时间较大，则获得的数据点较少，不利于后期准确绘制用工分布曲线。

第三，关于劳动强度的问卷调查，考虑到本次调研的主要目的是为了研究农业生产在不同季节的劳动力需求情况，而不是专业研究劳动强度问题，所以没有对劳动强度设立一些客观的指标，而是依据被访者在从事的农业生产中身体实际感觉的劳累程度。因此，此处称作"实际感觉劳动强度"，如：从事的某项农活很重，工作时间又长，选择"很累"，农活很重，但作业时间不长，则选择"累"，农活不重但作业时间长，就可选择"较累"等。

4.3 调研方案实施

4.3.1 调研时间

此次实地调研的时间安排在 2007 年寒假进行，利用农村大学生回家过春节开展社会实践，进行社会调查。

4.3.2 方案实施要点

首先，确定要调研的省份。作者通过分析研究，在全国范围内确定了下列 14 个在农业生产方面比较有代表性的省份：黑龙江省、吉林省、辽宁省、山西省、甘肃省、陕西省、河北省、河南省、山东省、江苏省、湖南省、浙江省、江西省、广西壮族自治区。

第二，确定调查人员。从上述每个省份分别选择5～10位来自不同市(县)的农村大学生作为调查员，共选取调查员93名。

第三，培训调查人员。在实施调研之前，对参加这次调研活动的学生进行了专门培训。针对本次调查的目的和意义、调研题目含义和调查问卷的填写方法，以及如何选择在农村有代表性的农户、如何与被访农户进行有效沟通等内容进行了培训。

第四，问卷的发放。作者给每位调查人员发放了10份问卷，要求调查人员走访农户时亲自填写问卷。为保证调查质量，要求每位调查人员走访农户在5个左右，最多不超过10户。

4.3.3 问卷回收情况

这次调研共收回调查问卷501份。如果按照问卷调研内容的60%数据较为符合实际情况为有效答卷计，其中第一部分有效问卷489份，第二部分有效问卷407份。有效率分别为97.6%和81.2%。

4.4 问卷调查的结果

这次调研活动共调查了501个农户，覆盖14个省(自治区)，93个县，167个乡镇，259个自然村。通过对调查问卷的统计处理，所得数据反映了所调查地区农户的基本状况，获得了典型地区农业产业2006年的用工数量和农业生产劳动强度反映情况，达到了本次调研的目的。

从这次的调查数据看，2006年不同地区的农户在平均收入水平、土地经营规模、农业劳动力从业状况以及农业机械发展水平等方面都存在较大的差距；即便同一地区的农户在收入水平、耕地规模等多方面也存在明显差异。

4.4.1 基本结果汇总

(1)农户收入状况

统计数据显示，14个省份2006年农户平均家庭总收入在

0.88 万～2.99 万元之间。农户间的年收入存在较大差距，如河南省、山东省、陕西省、山西省、甘肃省、广西区、江苏省等多数省份农户间的最高与最低收入相差几十倍。不同省份之间的农户平均收入也有一定差距，如江苏省、吉林省、安徽省农户的平均年收入在 2 万元以上，而河北和湖南两省农户的年收入则不足 1 万元(表 4-2)。在农户家庭农业收入方面看，不同省份间的农户农业收入也有较大差异，如黑龙江、吉林、甘肃、江苏四省农户的农业收入都在 1 万元以上，山西、湖南两省都不足 3 000 元。从农户的农业收入占农户家庭总收入的比重来看，黑龙江、吉林、甘肃 3 省较高，达到 70%以上。广西、河北、河南 3 省区农户的农业收入占家庭总收入的比重也占 50%以上。而辽宁、山西、安徽、湖南 4 省份的农户农业收入占家庭收入的比重较低，在 30%左右(表 4-2)。

表 4-2　农户农业及非农收入状况

省份	家庭总收入数量范围（万元）	户均收入（万元）	农业收入范围（万元）	户均农业收入（万元）	非农收入范围（万元）	户均非农收入（万元）	农业收入占家庭收入的比重(%)
黑龙江	2～7	1.81	0.2～6.4	1.41	0～2	0.40	78
辽宁省	0.3～5	1.80	0.1～2	0.53	0～4.7	1.28	29
吉林省	0.7～6	2.42	0～5.5	1.83	0～2.4	0.59	71
河北省	0.2～1.8	0.93	0.2～1	0.52	0～1.4	0.41	56
河南省	0.2～4	1.25	0.2～2	0.67	0～3	0.58	54
山东省	0.04～7	1.49	0.04～4	0.72	0～3	0.77	48
山西省	0.12～3.5	1.31	0.03～1.5	0.28	0～2.7	1.03	21
陕西省	0.16～9.8	1.65	0.1～6.84	0.57	0～7.7	1.08	35
甘肃省	0.2～10	2	0～8	1.5	0～2	0.5	75
湖南省	0.1～3.5	0.88	0.04～0.6	0.3	0～3	0.58	34
安徽省	0.6～5.3	2.07	0.03～1.8	0.65	0～5.1	1.41	31
江西省	0.3～5	1.63	0.1～2.1	0.66	0～3	0.98	40
广西区	0.1～3.5	1.32	0.1～3.5	0.82	0～2	0.49	62
江苏省	0.5～11	2.99	0.4～2.6	1	0.1～9	1.99	33

资料来源：作者的实地调研数据。

(2)劳动力状况

从调查统计数据看，14 个省份农户平均拥有农业劳动力的数量差别不大，基本是每个家庭平均拥有2～3个劳动力。从农户家庭中专职从事农业生产的劳动力的比例看，不同省份之间存在明显的差异，黑龙江、吉林、甘肃、广西、河北等省区专职从事农业劳动力占农户家庭总劳动力的比重较高，如黑龙江、吉林两省专职从事农业劳动力比重都在70%以上，而辽宁、山东、山西、安徽、江苏等省区的比例较低，专职从事农业劳动力比重在50%以下(表4-3)。

表4-3　调研省区农户的户均劳动力状况

省份	劳动力数量(人)	农业劳动力(人)	农业劳动力所占的比重(%)	兼业劳动力数量(人)	兼业劳动力所占的比重(%)	长期打工劳动力数量(人)	长期打工劳动力占比重(%)
黑龙江	2.37	1.73	73.00	0.5	21.10	0.13	5.49
辽宁省	2.92	1.08	36.99	1.21	41.44	0.63	21.58
吉林省	2.56	1.81	70.70	0.38	14.84	0.38	14.84
河北省	2.29	1.5	65.50	0.64	27.95	0.14	6.11
河南省	3.04	1.59	52.30	1	32.89	0.54	17.76
山东省	2.29	1.12	48.91	0.94	41.05	0.24	10.48
山西省	3.18	1.39	43.71	1.17	36.79	0.81	25.47
陕西省	2.9	1.5	51.72	0.85	29.31	0.55	18.97
甘肃省	2.76	1.86	67.39	0.62	22.46	0.29	10.51
湖南省	2.76	1.45	52.54	0.79	28.62	0.53	19.20
安徽省	3.26	1.45	44.48	0.85	26.07	0.96	29.45
江西省	3.05	1.65	54.10	0.63	20.66	0.77	25.25
广西区	3.11	2.07	66.56	0.56	18.01	0.48	15.43
江苏省	3.62	1.54	42.54	0.77	21.27	1.31	36.19

资料来源：作者的实地调研数据。

(3)土地经营规模

在调查统计土地经营规模方面，不同区域的农户经营的耕地规模差别较大，如黑龙江、吉林两省的农户平均经营耕地近40亩，而湖南、山东、安徽等省的农户平均经营耕地在5亩左右。即使同一地区的农户间经营的耕地规模也存在较大差别，如黑龙江省农户经营耕地最少的只有7.5亩，而多的则达到114亩(表4-4)。

调查统计农户每块耕地的面积发现，不同省份间有天壤之别，如在人均耕地较多的黑龙江省，有的农户每块耕地在20亩以上，而南方省份如广西临桂县一农户家庭共占有耕地仅3.2亩，却分布在9个地块，平均每块耕地不足0.4亩。

在调查统计农户有无扩大现有耕地规模的愿望方面，不同省份的农户反映不同，如黑龙江、河南、山西3省80%的农户有扩大耕地规模的愿望，而陕西、湖南、江苏3省农户则不足40%。不同省份的农户其理想的耕地规模也存在较大差异，如黑龙江省的农户平均理想耕地规模为184.1亩，吉林省的农户平均理想耕地规模为60.3亩，而山东、陕西、湖南等省份的农户平均理想耕地规模在10亩左右（表4-4）。

表4-4　调研省区的农户经营耕地规模

省份	农户耕地数量范围（亩）	户均耕地面积（亩）	户均耕地块数（块）	平均每块耕地面积（亩）	希望扩大规模农户百分比（%）	农户理想耕地规模范围（亩）	农户平均理想耕地规模（亩）
黑龙江	7.5～114	37.85	3.77	10.04	80	50～500	184.1
辽宁省	3～20	8.65	4.17	2.07	55	6～50	16.38
吉林省	10～100	38.83	3.6	10.79	63	15～300	60.3
河北省	3～14	7.61	5.71	1.339	40	2～100	24.57
河南省	2～17	6.23	3.33	1.879	78	3～100	22.88
山东省	1.5～20	5.67	4.14	1.37	47	1～100	12.45
山西省	1～15	6.97	3.93	1.77	85	2～100	28.97
陕西省	2～40	9.18	5.73	1.60	34	2～100	11.14
甘肃省	6～40	18.03	6.86	2.63	41	6～100	25.64
湖南省	1.2～12	4.12	3.65	1.13	35	3～100	13.47
安徽省	1～15	5.84	5.09	1.15	55	1.5～50	15.53
江西省	2.4～15.6	6.65	8.2	0.815	45	1～100	16.87
广西区	1～20	6.8	10.41	0.655	44	1～100	16.72
江苏省	4～20	7.35	3.54	2.08	33	4～25	11.2

资料来源：作者的实地调研数据。

（4）农业机械化状况

一个地区农民家庭平均拥有的农业机械的价值，在一定程度上反映了该地区的农业装备程度和农业机械化发展水平。从抽样调查的数据看，黑龙江和吉林两省农户平均拥有农机价值较高，湖南和广西两省（区）户均拥有的农机价值最低，户均不足 1 000 元。从农户雇用农机费用占农业总投入的比重看，山东、河北、陕西 3 省的较高，都在 20%以上，湖南、江西、吉林较低，户均雇用农机费用占农业总投入的比重都在 10%以下（表 4-5）。

表 4-5 调研省区农户平均拥有农机总值及雇用农机费用情况

省份	户均农业投入（元）	户均雇用农机费用（元）	雇用农机占农业投入比重（%）	户均拥有农机总价值（元）	愿意接受社会农机服务的农户百分比（%）
黑龙江	8 500	870	10.2	9 900	93.33
辽宁省	2 800	500	17.9	4 300	96
吉林省	6 100	600	9.8	8 400	94
河北省	3 600	780	21.7	5 700	100
河南省	2 400	320	13.3	6 800	100
山东省	3 300	860	26.1	3 900	97
山西省	1 260	220	17.5	2 400	93
陕西省	1 230	270	22.0	7 100	100
甘肃省	6 100	1 200	19.7	6 800	62
湖南省	1 100	0	0.0	290	60
安徽省	2 500	270	10.8	3 800	100
江西省	1 900	170	8.9	2 000	80
广西区	2 900	440	15.2	670	85
江苏省	4 600	560	12.2	1 700	100

资料来源：作者的实地调研数据。

农户平均拥有的农机具种类和数量是一个地区农业机械化水平的直接反映。由于在此项调研中，个别省份的样本较少，造成了部分农机具的户均拥有量为零的情况，统计数据难以反映该地区的真实情况（如湖南省）。而在样本较多的省份，统计数据能够基本反映出农业机械化水平状况。不同省区由于种植结构的不同，农户所拥有的农机种类也有差异（表 4-6）。如在小麦、玉米的主要种植区域播种机的拥有量较高，而在水稻的主产区，脱粒机和插秧机的拥有量稍高一些。从调查的统计数据看，黑龙江省的农户拥有拖拉机和播种机的数量最高，户均达到 0.92 台和 0.77 台，14 省（区）综合户均农机的拥有量为:灌溉设备 0.482 台、农用运输车 0.385 台、拖拉机 0.317 台。而收割机的户均拥有量仅为 0.028 台。

表 4-6 调研省区户均拥有农机数量 台

省份	调查农户数(户)	拖拉机	播种机	收割机	脱粒机	农用车	灌溉设备
黑龙江	26	0.92	0.77	0.00	0.27	0.38	0.19
辽宁省	16	0.13	0.00	0.00	0.00	0.38	0.75
吉林省	13	0.69	0.23	0.00	0.23	0.77	1.54
河北省	14	0.21	0.07	0.00	0.14	0.57	0.43
河南省	27	0.56	0.26	0.04	0.07	0.70	0.70
山东省	57	0.37	0.18	0.02	0.04	0.44	0.44
山西省	36	0.39	0.06	0.00	0.06	0.39	0.17
陕西省	40	0.10	0.05	0.05	0.25	0.45	0.55
甘肃省	24	0.46	0.13	0.04	0.04	0.46	0.54
湖南省	6	0.00	0.00	0.00	0.83	0.00	0.50
安徽省	44	0.27	0.05	0.00	0.20	0.18	0.68
江西省	60	0.08	0.05	0.10	0.22	0.20	0.10
广西区	19	0.16	0.00	0.00	0.47	0.26	0.89
江苏省	12	0.17	0.00	0.00	0.50	0.50	0.50
加权平均		0.317	0.136	0.028	0.181	0.385	0.482

资料来源:作者的实地调研数据。

(5)劳动强度较大的农业生产环节

在关于劳动强度较大的农业生产环节调查中,作者考虑到我国由于地域的不同,其农作物的种植结构有差异,不便于设定为选择题,而是要求被访者根据自己从事的农业生产过程中的感受,按照由强到弱的次序填写。作者把劳动强度排序在前 4 位的农业生产作业项目进行了统计,根据统计结果,农户反映劳动强度较大的生产环节主要提及到耕地、播种、插秧、间苗、除草、灌溉、施肥、收割等 8 项。

由调查结果可以看出,农作物的“收割”环节是农户普遍反映劳动强度较大的作业项目(374 个农户中有 300 户认为“收割”劳动强度较大)。由于不同区域种植结构不同和农业机械化水平的差异,在整个农业生产过程中对各作业项目的劳动强度反映也有较大差异。如黑龙江省 22 个农户中仅有 2 户反映“耕地”(整地)作业项目劳动强度较大，而江西省农户作出相同反映的比例则较高，受访的58个农户中有48户认为“耕地”作业项目的劳动强度较大。在一些水稻主产省份，水稻“插秧”环节也是一个普遍反映劳动强度较大的作业项目，如辽宁、江西、江苏三省超过2/3的农户对水稻“插秧”作业感到劳动强度较大。对其他一些农业生产环节的劳动强度反映也存在共同点，如黑龙江、辽宁、山西3省有超过半数的农户对农作物的“除草”作业认为劳动强度较大，如表4-7所示。

表4-7　反映劳动强度较大的农业生产环节的农户数量　　户

省份	调研户数	耕地	播种	插秧	间苗	除草	灌溉	施肥	收割	主要农作物
黑龙江	22	2	6	4	5	20	0	6	17	玉米、大豆
辽宁省	19	5	8	13	0	10	0	2	15	水稻、玉米
吉林省	12	2	3	8	0	1	2	1	9	水稻、玉米
河北省	14	5	0	0	0	6	8	4	11	小麦、玉米
河南省	20	5	8	0	0	8	5	1	15	小麦、玉米
山东省	51	10	17	0	3	10	15	7	38	小麦、玉米
山西省	20	2	3	0	9	13	2	4	10	玉米、小麦
陕西省	39	11	11	2	2	13	6	15	35	小麦、玉米
甘肃省	27	7	15	0	0	10	8	3	17	棉花、小麦
湖南省	20	6	0	8	0	1	3	0	20	水稻、油菜
安徽省	42	17	14	19	2	5	7	3	32	水稻、小麦
江西省	58	48	9	37	1	4	7	2	54	水稻
广西区	17	8	5	4	0	1	4	3	16	水稻、甘蔗
江苏省	13	0	3	12	0	0	0	2	11	水稻、小麦
合　计	374	128	102	107	22	102	67	53	300	

资料来源：作者的实地调研数据。

(6)劳动强度的反映

在调查主要农作物生产中农户“实际感觉劳动强度”时，设计了5个强度等级，由强到弱分别为：很累、累、较累、一般、轻松。为了便于统计使用，采用李克特量表法，分别把5个强度等级进行赋值，如“很累”＝5、“累”＝4、“较累”＝3、“一般”＝2、“轻松”＝1。

考虑到在各省采集的样本数量不相等，作者采用户均劳动强度的方法，进行统计比较。按照问卷第二部分的设计，以“半个月”为时间单位进行劳动强度统计，统计结果见表4-8。由于在问卷第二部分的调研中，山西省的样本数量较少，所以在统计主要农作物“用工数量”和“劳动强度”时，只对其余13个省(区)的进行数据统计和分析。

表4-8 主要农作物生产中劳动强度季节性反映

时间	黑龙江	辽宁	吉林	河北	河南	山东	陕西	甘肃	湖南	安徽	江西	广西	江苏
一月上	1	1	1	1	1	1	1	1	1	1	1	2	1
一月下	1	1	2	2	1	1	1	1	1	1	1	1	1
二月上	1	1	1	1	2	1	1	2	1	1	1	3	2
二月下	1	1	2	2	3	1	2	2	1	2	2	3	1
三月上	1	1	2	1	3	2	2	3	1	2	2	3	2
三月下	1	1	2	2	2	3	2	3	1	2	2	3	2
四月上	2	2	2	2	2	3	2	3	4	3	3	3	1
四月下	2	3	3	3	2	2	3	3	4	3	3	2	2
五月上	2	3	3	3	2	3	2	3	4	4	3	2	2
五月下	2	3	4	3	3	3	2	3	2	3	2	3	3
六月上	3	3	4	2	3	3	4	3	2	3	3	2	3
六月下	4	3	4	4	4	3	3	3	3	3	2	2	2
七月上	3	3	3	4	4	3	3	3	4	3	3	3	3
七月下	2	2	2	4	3	3	4	3	4	2	4	3	2
八月上	2	2	2	2	2	3	2	3	2	3	3	3	3
八月下	2	2	2	1	2	3	2	4	2	2	2	3	3
九月上	1	2	2	2	3	3	2	4	2	3	2	2	3
九月下	2	3	2	4	3	3	3	3	2	3	2	2	3
十月上	3	3	4	2	3	3	4	3	3	3	3	3	3
十月下	2	2	4	2	1	3	2	2	2	3	3	2	3
十一月上	2	2	3	2	1	2	2	3	1	3	1	2	2
十一月下	2	1	1	2	1	2	1	2	1	2	1	2	2
十二月上	1	1	1	1	1	1	1	1	1	2	1	2	1
十二月下	1	1	1	1	1	1	2	1	1	2	1	2	2

资料来源：作者的实地调研数据。

(7)农业用工分布情况

由于在不同省份所调研的耕地面积不相同，为了增加各省份之间的农业用工量的可比性，在进行数据统计处理时，采用每亩耕地在单位时间(半个月)内的用工数量占全年用工数量的百分比，来比较不同地区在不同季节的农业劳动力需求情况。13省份农业用工分布情况详见表4-9。

表4-9　农业劳动力需求的季节性分布情况　　%

时间	黑龙江	辽宁	吉林	河北	河南	山东	陕西	甘肃	湖南	安徽	江西	广西	江苏
一月上	0.0	0.0	1.0	0.2	1.2	0.8	0.6	0.0	0.1	0.2	0.1	0.6	0.0
一月下	0.0	0.0	1.3	0.5	2.0	0.8	0.5	0.0	0.0	0.2	0.1	0.6	0.8
二月上	0.0	0.0	0.4	0.0	3.2	0.3	0.4	1.5	0.8	0.2	0.5	2.3	1.1
二月下	0.0	0.5	0.9	0.8	1.7	0.5	1.3	3.5	0.4	0.9	0.7	6.4	0.8
三月上	0.3	0.1	2.1	0.0	3.3	3.4	3.5	1.9	0.0	1.9	1.0	2.5	1.1
三月下	0.3	0.2	2.7	1.7	2.0	7.3	2.7	3.2	0.4	1.8	2.4	4.7	1.8
四月上	2.5	8.1	2.6	2.3	6.8	6.4	4.2	2.9	7.3	4.6	6.9	6.7	0.4
四月下	3.0	14.7	8.9	5.4	2.9	3.7	4.8	6.3	16.6	4.5	7.8	4.2	1.1
五月上	4.5	3.4	8.4	5.3	6.1	5.6	6.0	4.4	21.1	10.0	2.5	4.5	2.6
五月下	2.6	6.3	11.1	1.5	7.7	5.4	3.9	4.5	2.0	4.7	2.6	4.1	3.7
六月上	15.9	5.1	9.0	2.6	13.4	8.3	12.1	5.6	4.6	5.4	9.3	7.4	4.3
六月下	17.9	4.4	7.4	5.7	4.8	6.6	5.4	7.1	2.9	5.5	2.9	4.0	4.0
七月上	8.5	4.6	2.7	14.0	6.3	6.8	6.9	2.8	11.7	5.3	6.1	4.8	5.7
七月下	5.2	4.4	2.5	6.7	4.6	5.7	7.2	2.9	11.7	7.3	9.9	5.9	3.6
八月上	5.5	15.8	2.0	2.7	4.7	4.6	4.9	6.3	4.9	5.8	13.0	3.7	7.4
八月下	4.5	5.2	2.0	0.5	3.7	5.9	4.6	2.7	7.4	6.0	8.6	3.7	7.0
九月上	2.8	1.8	1.6	1.3	7.7	5.5	2.9	8.8	0.9	5.8	6.5	4.5	7.4
九月下	7.4	10.2	3.7	24.6	9.3	7.4	7.0	13.0	1.5	6.2	3.2	3.4	6.9
十月上	14.0	7.2	8.7	8.9	8.0	9.3	10.6	13.2	5.0	7.0	6.4	5.7	8.4
十月下	2.2	1.9	5.6	11.1	0.4	4.2	6.9	6.9	0.6	6.2	8.1	6.3	9.3
十一月上	1.4	6.0	8.3	4.5	0.0	0.5	0.6	1.6	0.0	5.9	0.6	1.1	7.0
十一月下	1.0	0.1	3.1	0.0	0.2	0.9	0.9	0.8	0.0	2.3	0.3	1.8	5.5
十二月上	0.0	0.0	1.9	0.0	0.0	0.1	0.9	0.3	0.0	1.6	0.2	1.8	6.0
十二月下	0.5	0.0	1.9	0.0	0.0	0.0	1.1	0.0	0.0	0.5	0.1	9.6	3.8

资料来源：作者根据实地调研数据计算得出。

4.4.2　影响农业机械化发展的因素分析

(1)使用农业机械的主要原因

在调查农户使用农业机械的主要原因方面，考虑到农户使用农业机械的原因较为复杂多样，作者设计成多项选择题，提供了“雇工较难”、“减轻体力劳动”、“抢农时”、“比雇人工便宜”、“可增产”等5个选项，并要求按重要程度进行排序。作者在进行数据的统计时，只对排在前3位的选项进行了统计。其结果详见表4-10。

表4-10 调研省区农户使用农机的主要原因统计 户

省份	调研户数	雇工较难	减轻体力劳动	抢农时	比雇人工便宜	可增产
黑龙江	30	6	21	13	11	4
辽宁省	19	1	16	8	2	0
吉林省	15	0	12	13	1	3
河北省	14	0	13	11	2	1
河南省	27	5	26	12	2	7
山东省	56	3	52	40	14	10
山西省	25	1	23	9	0	4
陕西省	40	1	38	21	11	2
甘肃省	27	11	26	23	4	5
湖南省	7	0	7	6	0	0
安徽省	41	7	38	29	9	5
江西省	46	14	33	38	14	5
广西区	25	0	22	12	4	1
江苏省	13	1	13	13	1	6
合　计	385	50	340	248	75	53

资料来源：作者的实地调研数据。

从14省份统计结果总体看，在对此题目做出回答的385个农户中，有340户选择“减轻体力劳动”是使用农业机械的主要原因，排在第一位；有248户选择了“抢农时”，排在第二位；把“雇工较难”、“比雇人工便宜”和“可增产”作为采用农业机械原因的农户占少数。但不同省份的农户对使用农业机械的认识也稍有不同。如在使用农业机械“可增产”、“比雇用人工便宜”（节约成本）的认识上，辽宁、吉林、河北、山西、湖南、广西等省区的农户认可度较低，而黑龙江、山东、江西等省份的农户认可度稍高一些。

从总体统计结果看使用农业机械“可降低生产成本”、“增产”并不是农民使用农业机械的主要原因。

(2)制约农民购买和使用农业机械的主要因素

在调查制约农民购买和使用农业机械的主要因素时，作者采用了多项选择题的方式，预设了“使用机械成本高”、“地块小不能用”、“农机贵买不起机”、“机械性能不能满足要求”、“机械作业质量不能满足要求”、“没有合适型号的机械”、“农路条件差”等 7 个选项。在进行数据统计时，作者只对排在前三位的选项进行了统计。统计结果详如表 4-11 所示。

表 4-11　制约农机发展的因素调查结果

户

省份	调研户数	使用机械成本高	地块小不能用	农机贵买不起	机械性能不能满足要求	机械作业质量不能满足要求	没有合适型号的机械	农路条件差
黑龙江	29	8	16	19	8	12	0	2
辽宁省	22	4	16	15	1	4	1	0
吉林省	17	1	5	13	2	4	2	1
河北省	14	7	8	13	5	1	2	4
河南省	27	8	17	20	2	3	5	6
山东省	56	15	25	34	17	11	9	15
山西省	28	9	15	15	1	0	0	6
陕西省	39	5	24	30	5	6	5	13
甘肃省	28	4	20	16	16	6	7	11
湖南省	20	7	12	9	1	0	0	11
安徽省	44	11	30	26	9	6	5	23
江西省	60	9	45	30	6	5	12	31
广西区	27	9	15	17	0	0	1	8
江苏省	13	8	12	10	1	0	0	5
合　计	424	105	260	267	74	58	49	136

资料来源：作者的实地调研数据。

从 14 省份汇总的统计结果看，在对此题目作出回答的 424 个农户中，267 户认为“农机贵买不起”，排在第一位；260 户选择了“地块小不能用”，排在了第二位；排在第三位的原因是“农路条件差”，共有 136 户选择。认为“使用机械成本高”的农户也占有不小的比例，共有 105 户选择。“机械性能不能满足要求”、“机械作业质量不能满足要求”、“没有合适型号的机械”等选项占有农户的比例不高。

但在农户回答对劳动强度较大的农业生产环节上没有采用农业机械的原因时，“械性能不能满足要求”、“机械作业质量不能满足要求”、“没有合适型号的机械”等选项反而占有较高的农户比例。

(3)当地非常需要的农业机械

在调查当地农业生产中非常需要的农业机械时，考虑到不同地区由于种植结构的不同，农业机械的需求会多种多样，所以题目设计成了填空题，如果需要的农业机械不止一种时，要求按照农业机械的需求程度由强到弱顺序填写。作者只对排序在前四位的农业机械进行了统计，统计结果如表 4-12 所示。

表 4-12　当地非常需要的农业机械调查结果　　户

省份	调查农户数	玉米收割机	收割机	拖拉机	播种机	插秧机	耕地机翻地机	脱粒机	水泵	农用车
黑龙江	27	10	13	13	14	0	0	0	1	0
辽宁省	20	0	9	5	7	8	8	9	1	0
吉林省	12	0	11	6	1	6	0	3	0	0
河北省	13	2	7	4	9	0	0	0	0	1
河南省	21	2	15	14	14	0	0	0	4	5
山东省	44	4	25	7	14	0	0	9	9	5
山西省	13	0	7	7	6	0	3	0	0	2
陕西省	35	9	18	12	8	0	3	8	2	14
甘肃省	25	0	9	3	8	0	0	12	7	6
湖南省	12	0	4	4	0	0	7	1	9	4
安徽省	42	0	32	19	9	0	5	9	9	3
江西省	59	0	42	17	9	8	15	8	11	4
广西区	24	0	9	19	0	0	2	2	3	4
江苏省	10	0	10	0	5	5	0	0	0	0
合　计	357	27	211	130	104	27	43	61	56	48

资料来源：作者的实地调研数据。

从 14 省份的统计结果看，农户对收割机的需求排在第一位，357 户农民中有 211 户认为需要收割机。这与户均拥有农机数量的调查结果相吻合，在表 4-6 中的统计结果显示，户均拥有收割机仅为 0.028 台，是户均拥有量最低的。这个结果也与关于“劳动强度较大的农业生产环节”的调查结果相一致，多数农户认为农作物的“收割”环节是农业生产中劳动强度较大的作业项目。说明收割机的配备数量远没有满足农业生产的实际需要。

农户对拖拉机的需求排在第二位，357 个农户中有 130 户认为需要拖拉机。在关于农户拥有农业机械情况的调查中，尽管农户户均拥有拖拉机的数量较高，户均 0.317 台，但仍没有达到农户要求的数量。

农户对播种机的需求排在第三位，357 个农户中有 104 户认为对播种机有需求。这个结构也基本与“劳动强度较大的农业生产环节”调查和“户均拥有农机数量”调查的结果相一致。

反映需要水泵和农用车的农户较少，这个结果也与“户均拥有农机数量”调查的结果相一致，因为户均拥有量分别为 0.482 和 0.385，排在第一和第二位。说明这两种农机基本达到了农户的需求数量。

由于不同地区种植结构和农业机械化发展水平的不同，对农业机械的需求存在明显差异。如在黑龙江、山东、陕西等玉米主产区，农户对玉米收割机的需求较强烈，而在辽宁、江西、江苏等水稻主产区，农户对水稻插秧机的需求较迫切。尽管 14 省区户均对农用车的拥有量较高，总体需求下降，但陕西省仍对农用车有较多的需求。

(4)雇用农业机械费用支付意愿

为了了解农户在一些主要农业生产作业项目雇用农业机械的潜力，作者对农户雇用农业机械支付意愿进行了调查。由于各地区的农业经济发展水平不同，实际雇用农业机械的价格差异较大，同样，雇用农业机械的最高支付意愿(最高支付价格)也存在较大差别。

由于各地区的种植结构不同，而且不同农作物的生产环节也不相同，相应地雇用农业机械的种类和价格多种多样，造成了样本数量不足，难以进行地区之间的雇用农机支付意愿的比较。因此，作者选择了小麦、大豆、玉米、水稻 4 种主要作物，并对它们在生产过程中雇用农机所支付的费用情况进行了统计。

从统计结果看，同一种作物相同的生产作业项目，雇用农业机械所支付的费用差距较大。同样，同一种作物相同的生产作业项目，雇用农业机械最高支付的费用意愿，也有较大的差别。最高支付意愿都比实际支付金额要高，同一种农作物在不同生产作业项目的支付费用意愿变化较大，如小麦的播种作业支付意愿比实际支付额度提高了 40.78%，浇灌作业的支付意愿仅比实际支付提高了 7.24%(表 4-13)。大豆、玉米、水稻等作物生产中雇用农业机械最高支付意愿情况，分别见表 4-14、表 4-15、表 4-16。

表 4-13 小麦生产各主要作业环节雇用农机费用

主要作业项目	实际支付费用(元/亩)	平均实际支付(元/亩)	支付意愿(元/亩)	平均支付意愿(元/亩)	支付意愿比实际支付提高(%)
耕地(整地)	12～60	37.26	15～90	48	28.82
播种	10～40	20.6	10～80	29	40.78
喷洒农药	2～15	8.57	2.5～15	10	16.69
灌溉	15～80	33.57	18～80	36	7.24
收割	15～60	41.07	15～100	53	29.05

资料来源:作者的实地调研数据。

表 4-14 大豆生产各主要作业环节雇用农机费用

主要作业项目	实际支付费用(元/亩)	平均实际支付(元/亩)	支付意愿(元/亩)	平均支付意愿(元/亩)	支付意愿比实际支付提高(%)
耕地(整地)	8～40	17.4	8～45	18	3.45
播种	7.5～25	12.46	8～30	14	12.36
施肥	2～5	3.78	2.5～5	3.94	4.23
收割	5～40	16.63	5～60	20.75	24.77

资料来源:作者的实地调研数据。

表 4-15 玉米生产各主要作业环节雇用农机费用

主要作业项目	实际支付费用(元/亩)	平均实际支付(元/亩)	支付意愿(元/亩)	平均支付意愿(元/亩)	支付意愿比实际支付提高(%)
耕地(整地)	12～40	34.35	12～40	35.52	3.41
播种	7～35	18.83	10～100	31.17	65.53
施肥	10～20	16.67	10～30	23.33	39.95
喷洒农药	4～7	5.6	4～7	6	7.14
灌溉	12～30	21.33	20～40	30	40.65
收割	16～70	40.92	30～80	51.15	25.00

资料来源:作者的实地调研数据。

表 4-16 水稻生产过程中主要作业环节雇用农机费用

主要作业项目	实际支付费用(元/亩)	平均实际支付(元/亩)	支付意愿(元/亩)	平均支付意愿(元/亩)	支付意愿比实际支付提高(%)
耕地(整地)	10～90	36.39	20～120	43.17	18.63
插秧	20～80	48.61	30～200	88.61	82.29
灌溉	20～70	59.5	20～70	60	0.84
收割	15～80	60.24	20～100	67.98	12.85
脱粒	15～45	28	15～50	33	17.86

资料来源:作者的实地调研数据。

4.5 本章小结

第一，理清调研工作思路，明确调研目的，认清要解决的问题，是调研工作的基础。作者为了详细了解掌握典型地区在各季节农业生产所投入的劳动力数量和劳动强度情况，按照选择较多的省份作为样本，并对这些省份所种植的主要作物的用工情况进行调查的思路，开展调研。

第二，做好调查问卷的设计是调研工作的关键。作者根据要研究的问题，把调查问卷分为两部分，第一部分是关于农户的耕地规模、劳动力状况、农业的收支等基本情况的调查，共包含了 50 项具体问题；第二部分是关于主要农作物在生产中占用农业劳动力情况以及劳动强度的调查。

第三，调研方案的顺利实施是调研工作的核心。根据国家地理区域划分，在东北、华北、西北、华东和中南地区选择了 14 个有代表性的省份作为这次调研地区。在上述 14 省份分别选择了 5～10 位家住农村的大学生共 93 人，作为此次调研工作的调查员。调研之前，作者对他们进行了专门培训。

第四，得到反映实际情况的调查数据是调研工作的目的。本次调研共收回调查问卷 501 份，其中第一部分有效问卷 489 份，第二部分有效问卷 407 份。有效率分别为 97.6%和 81.2%。共走访了 501 个农户，覆盖 14 个省(区)，93 个县，167 个乡镇，259 个自然村。通过对调查问卷的统计处理，所得数据反映了所调查地区农户的基本状况，获得了典型地区农业产业的用工数量和劳动强度，达到了调研的预期目的。

第五，不同农户家庭年收入差别较大，并且不同地区的农户来自农业的收入占家庭总收入的比重也存在较大的差别。从 14 省份的调研数据看，黑龙江、吉林、甘肃 3 省较高，达到 70%以上，广西、河北、河南 3 省区农户的农业收入占家庭总收入的比重也占一半以上，而辽宁、山西、安徽、湖南 4 省份的农户农业收入占家庭收入的比重较低，在 30%左右。

第六，不同地区的农户家庭拥有的劳动力数量差别不大，户均为

3 个左右，但劳动力在农业产业的分配比例存在明显的差异。如黑龙江、吉林两省专职从事农业劳动力比重都在 70％以上，而辽宁、山东、山西、安徽、江苏等省区的比例较低，专职从事农业劳动力比重在 50％以下。

第七，农业机械减轻农业劳动强度的作用是明显的。在对 14 省(区)进行劳动强度较大的农业生产环节调查中，农户把农作物的“收割”环节排在第一位，而在对 14 省区农户平均拥有的农业机械情况调查中，“收割机”的户均拥有量是最低的，仅为 0.028 台。“收割机”的保有量不足，造成了农户感到农作物的“收割”环节劳动强度较大。

第八，减轻劳动强度是农民使用农业机械的主要原因。在对 14 省区的农户使用农业机械的原因进行调查时，在对此题目做出回答的 385 个农户中，有 340 户选择“减轻体力劳动”，排在第一位，而对使用农业机械“可增产”、“比雇用人工便宜”(节约成本)的认可度较低。

第九，制约农户购买和使用农业机械的主要原因是农业机械价格较高和耕地经营规模较小。在对 14 省区的农户调研制约农机推广使用的主要原因时，424 个农户中，267 户认为“农机贵买不起”，排在第一位；260 户选择了“地块小不能用”，排在了第二位。因此，政府加大农民的购买农业机械补贴和适度扩大耕地经营规模，是促进农业机械化发展的重要手段。

第五章 农业劳动力需求的季节性分析

“春雨惊春清谷天，夏满芒夏暑相连，秋处露秋寒霜降，冬雪雪冬小大寒。”这首流传了 2 000 多年的二十四节气歌，精炼地总结了我国黄河流域气候特点。农作物生长对阳光、温度、水分等自然条件的需求特征，决定了农业生产的季节性，也决定了农业生产在一年中的劳动需求规律。农业生产的季节性对农业劳动力转移产生了重要的影响。

作者利用 13 个代表省区的农户调研数据，定量分析农业生产对劳动力需求的特征，剖析我国当前农业生产自身对劳动力需求的季节性和区域性特征，探讨我国农业劳动力转移速度缓慢的原因和推进农业劳动力转移的途径。

5.1 数据说明

一般而言，农业劳动力主要是指从事广义农业的劳动力，它包括狭义的农业（种植业）、林业、畜牧业、渔业和副业的劳动者（罗斌，2002）。本书中所研究的农业对劳动力的需求，主要是指农作物种植业生产过程中投入的农业劳动力。农业对劳动力的需求主要指直接从事农业生产的劳动力，它包括了两个层面，劳动力需求数量和劳动强度。

农业对劳动力需求的数量采用作物生产所需的用工数量（工时）来衡量，数据来源于作者对 13 个代表省份入户调查的共 387 份有效问卷。为确保各地区农业生产劳动力需求的可比性，作者采用了单位耕地面积(亩)在单位时间(半个月)内用工数量占全年用工总量的百分比,本书称之为“劳动力需求强度”。因此,书中的“劳动力需求强度”实质上代表了该地区各个时段对劳动力需求的数量。劳动强度的数据来源于问卷中的“农户实际感觉劳动强度”这一个问题,该问题采用的是李克特量表法(详见本书中第四章“劳动强度的反映”部分)。劳动强度越接近于5表明劳动强度越高,越接近于1表明劳动强度越低。农业劳动力需求强度和劳动强度的统计数据详见表4-9和表4-8。

下面,作者采用统计分析、回归分析和聚类分析的方法,分析农业劳动力需求的季节性和区域性特征。

5.2 农业劳动力需求的季节性分析

5.2.1 农业生产劳动力需求强度的季节性分析

我国农业劳力需求强度在全年的分布呈现出驼峰型分布(图5-1)。农业生产对劳动力需求在一年中,集中于几个时段,从全国水平上来看,农业生产在四月份下半月到十月份下半月处于劳动力需求高峰期,十一月份下半月到三月份下半月,农业生产对劳动力的需求强度较小,从三月份上半月开始逐渐增加劳动力的投入。这与农业生产的季节性有很大的关系,在小满、芒种时节和立秋、处暑时节都是农业需求量最大的时期。

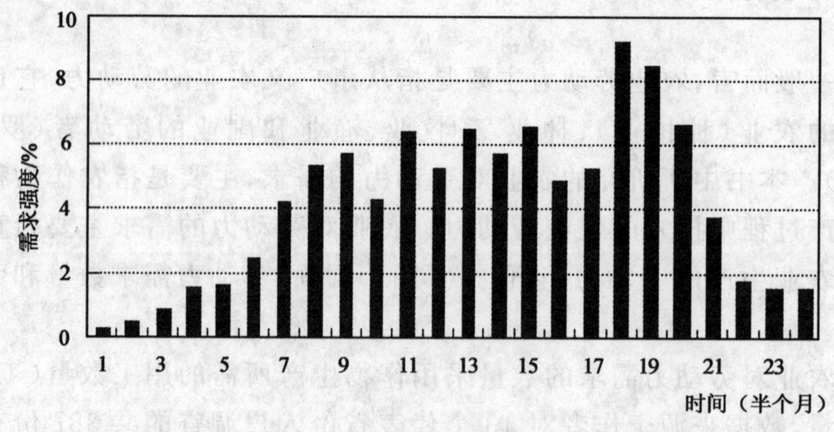

图5-1 农业劳动力需求强度在全年的分布(13省区)

我国农业劳动力需求在全年分布的第二个特点是，农忙和农闲时期的劳动力需求量差异非常大。全国在九月份下半月的用工量最大，农业劳动力需求强度达到 9.27%，一月份上半月农业生产基本上处于冬季停产阶段，劳动力需求强度仅为 0.25%，九月份下半月的用工量是一月份上半月的 37 倍(表 5-1)。

表 5-1　13 省区农业劳动力需求强度的季节分布　%

时间	劳动力需求强度	时间	劳动力需求强度
一月上	0.25	七月上	6.48
一月下	0.47	七月下	5.74
二月上	0.79	八月上	6.53
二月下	1.49	八月下	4.87
三月上	1.61	九月上	5.22
三月下	2.46	九月下	9.27
四月上	4.20	十月上	8.50
四月下	5.34	十月下	6.63
五月上	5.69	十一月上	3.72
五月下	4.24	十一月下	1.76
六月上	6.40	十二月上	1.55
六月下	5.30	十二月下	1.49

资料来源：作者的调研数据，进行了整理和测算。

从各省的农业生产用工情况来看，农业生产对劳动力需求强度的季节性表现得更加明显。样本的标准差和变异系数显示，河北、安徽、江苏、甘肃、辽宁的农业劳动力需求的季节差异比较大(表 5-2)。

表 5-2　13 省区农业劳动力需求的季节差异

地区	变异系数	标准差	地区	变异系数	标准差
黑龙江	0.01	0.09	甘肃	0.19	0.44
辽宁	0.14	0.38	湖南	0.02	0.13
吉林	0.00	0.05	安徽	0.31	0.57
河北	0.57	0.77	江西	0.07	0.27
河南	0.03	0.18	广西	0.03	0.18
山东	0.05	0.24	江苏	0.27	0.54
陕西	0.04	0.20			

资料来源：作者的调研数据，进行了整理和测算。

5.2.2 农业生产劳动强度的季节性分析

农业生产中劳动强度在全年中表现出的特征与农业劳动力需求强度类似,也呈现出驼峰型分布(图 5-2)。劳动强度随着农业生产季节的变化而变化。一年当中,六月份下半月到八月份上半月和整个十月份的劳动强度最大,平均值在 3 以上。十一月份上半月到四月份下半月劳动强度比较小,都在 2.0 以下。

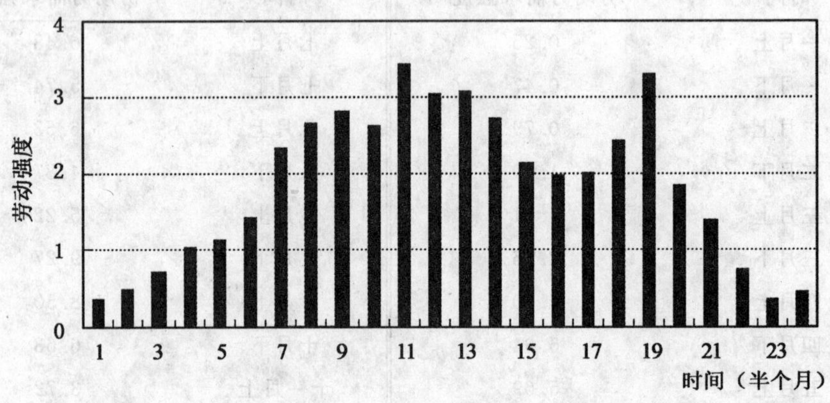

图 5-2 劳动强度在全年的分布(13 省区)

5.2.3 农业劳动力需求强度和劳动强度的相关性分析

劳动力需求强度和劳动强度在一年当中具有相同的走势。图 5-3 表示 13 个调研省区农业生产劳动力需求强度和劳动强度在全年

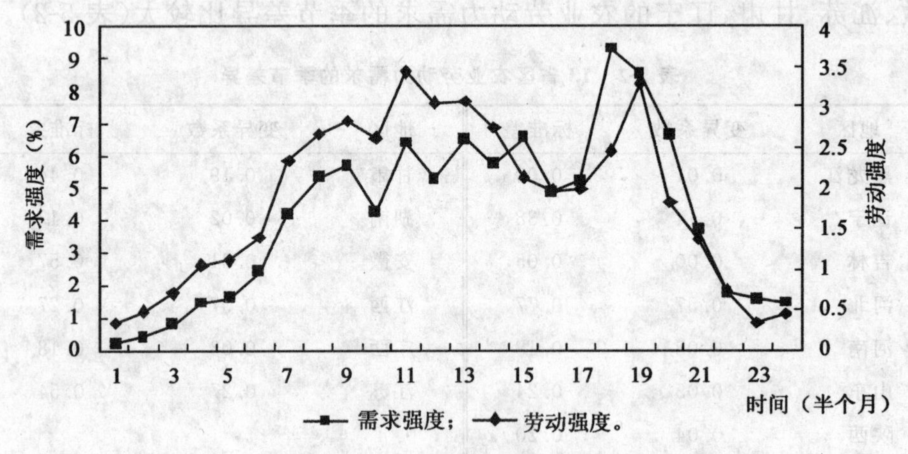

图 5-3 全年劳动强度和劳动力需求强度曲线(13 省区)

的分布情况，它再现出农民“抓紧季节忙生产，种收及时保丰年”场景。劳动生产任务繁重的同时，劳动力需求强度和劳动强度也随之增加。

根据作者的农户调查数据，我国 13 个省份的劳动力需求强度和劳动强度的相关系数为 0.86，可见，劳动强度和农业劳动力需求强度具有显著的正相关。

5.3 农业劳动力需求季节性的区域差异

5.3.1 农业劳动力需求强度季节性的地区比较

由于自然地理条件和气候的差异，各地区农业生产对劳动力需求的季节性表现出了不同的特征。首先，最大用工量分布在不同的时间段，黑龙江、河南、山东、陕西是在六月份上半月农业生产对劳动力需求最大，辽宁、江西出现在八月份上半月，河北农业劳动力需求最大月份为九月份下半月，甘肃为十月份上半月、江苏为十月份下半月，广西出现在十二月份下半月。第二，各省农闲时间的长度不同，且时间分布也不同(表 5-3)。东北 3 省的农闲时间比较长，平均为 4 个月，广西和江苏南方省份的农闲时间最短，只有 1 个月。13 个省平均农闲时间为 2.73 个月，即我国农业生产中年平均有 82 天的时间劳动力需求强度较低。

表 5-3 13 省区农业最大劳动力需求强度的季节性分布

地区	劳动力需求强度最大值	需求强度最大值分布时间	农闲时间	农闲时间长度(月)
黑龙江	17.9	六月下	十二月上—三月下	4.0
辽宁	15.8	八月上	十一月下—三月下	4.5
吉林	11.1	五月下	十二月下—三月上、八月上—九月上	3.5
河北	24.6	九月下	十一月下—三月上	3.0
河南	13.4	六月上	十月下—十二月下	2.5
山东	9.3	六月上	十二月、二月	2.0
陕西	12.1	六月上	一月上—二月上	1.5
甘肃	13.2	十月上	十一月下—一月下	2.5

续表 5-3

地区	劳动力需求强度最大值	需求强度最大值分布时间	农闲时间	农闲时间长度(月)
湖南	21.1	五月上	十月下—三月下	5.5
安徽	10.0	五月上	一月上—二月上	1.5
江西	13.0	八月上	十一月上——月下	3.0
广西	9.6	十二月下	一月	1.0
江苏	9.3	十月下	一月上、四月上	1.0

资料来源:作者的调研数据,进行了整理和测算。

第三,各省农业生产的劳动力需求强度在各月份的波动频度和幅度不同。有的省份表现出单峰波动,有的省份为双峰波动,有的省份为多峰波动(图 5-4)。

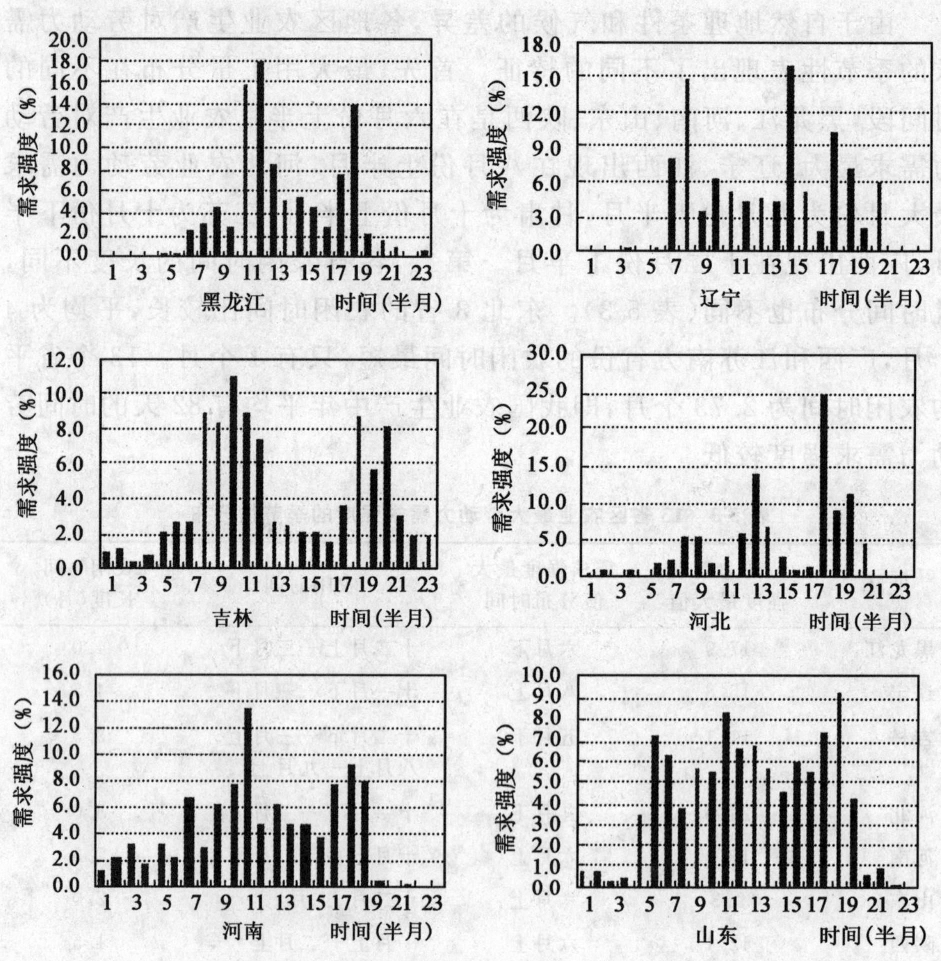

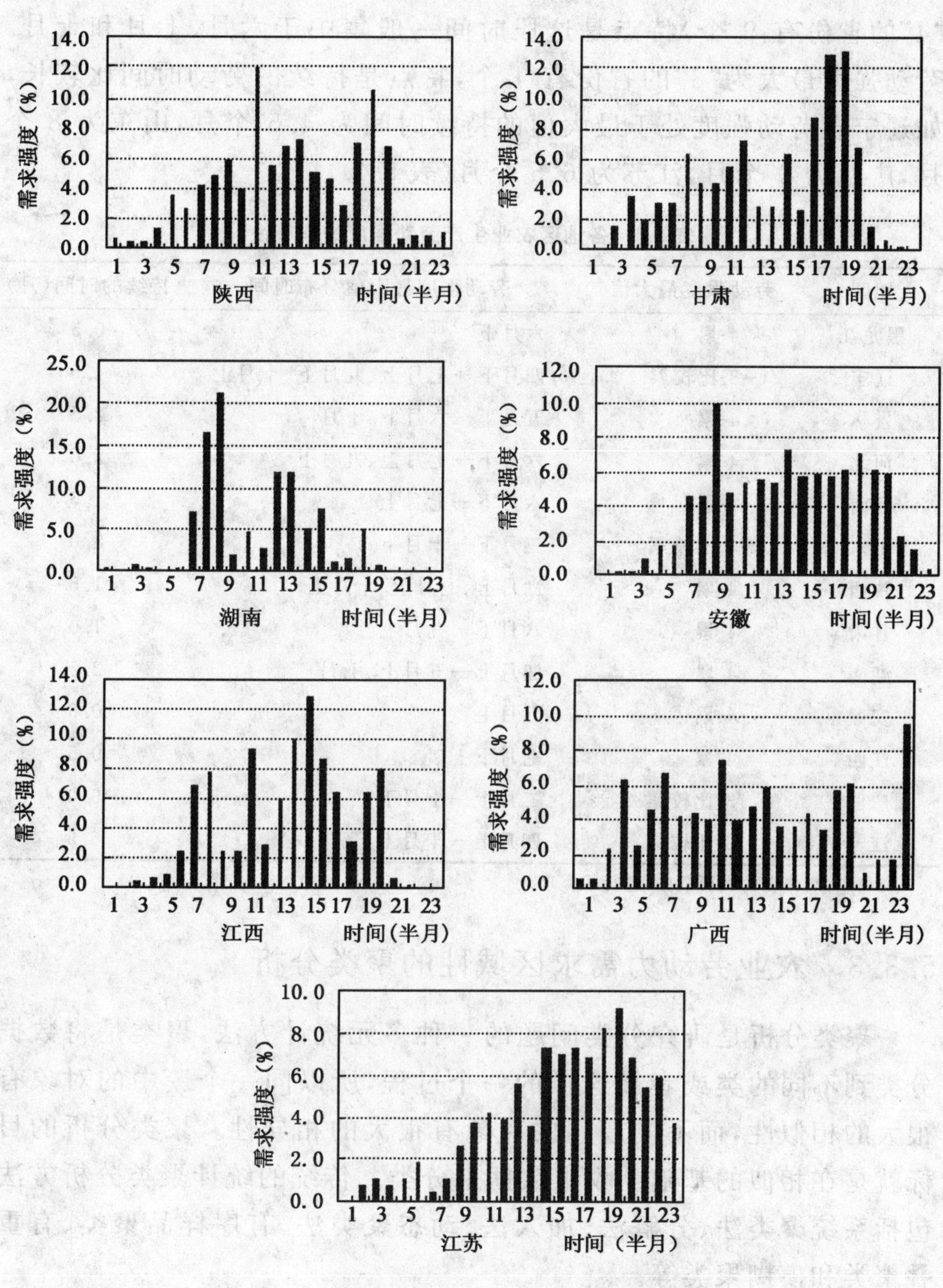

图 5-4　各地区农业劳动力需求的季节性特征

5.3.2　农业生产劳动强度季节性的地区比较

各地区农业生产劳动力需求强度的大小和高强度劳动持续的时间存在显著的差异。调研数据表明，13 个省份的农业劳动强度超过

"4"的省份有 9 个,特点是这段时间一般集中于六月、七月和十月。劳动强度最大为"3"的省份有 4 个,特点是持续的劳动时间比较长,如辽宁省劳动强度处于最大值的持续时间为 4.5 个月,山东为 8 个月,广西为 9 个月,江苏为 6.5 个月(表 5-4)。

表 5-4　各地区农业生产劳动强度的季节性

地区	劳动强度最大值	劳动强度最大值分布时间	持续的时间(月)
黑龙江	4-累	六月下	0.5
辽宁	3-比较累	四月下—七月上、九月下、十月上	4.5
吉林	4-累	五月下—六月下、十月	2.5
河北	4-累	六月下—七月上、九月下	2.0
河南	4-累	六月下—七月上	1.5
山东	3-比较累	三月下—十月下	8.0
陕西	4-累	六月上、七月上、十月上	1.5
甘肃	4-累	八月下—九月上	1.0
湖南	4-累	四月上—五月上、七月	2.5
安徽	4-累	五月上	0.5
江西	4-累	七月下	0.5
广西	3-比较累	二月上—十月下	9.0
江苏	3-比较累	四月上—十月上	6.5

资料来源:作者的调研数据,进行了整理。

5.3.3　农业劳动力需求区域性的聚类分析

聚类分析是研究分类问题的一种多元统计方法,聚类是将数据分类到不同的类或者簇这样的一个过程,所以同一个簇中的对象有很大的相似性,而不同簇间的对象有很大的相异性。聚类分析的目标就是在相似的基础上收集数据来分类。传统的统计聚类分析方法包括系统聚类法、分解法、加入法、动态聚类法、有序样品聚类、有重叠聚类和模糊聚类等。

系统聚类是最常用的一种,对指标进行分类常用距离和相似系数,所谓距离是指如果把 n 个样品(X 中的 n 个行)看成 p 维空间中 n 个点,则两个样品间相似程度可用 p 维空间中两点的距离来度量。令 d_{ij} 表示样品 X_i 与 X_j 的距离。聚类分析中常用的距离计算方法有明氏距离、马氏距离等。作者选用明氏距离法,计算公式为:

$$d_{ij}(q) = \left(\sum_{n=1}^{p} \mid x_{i\alpha} - x_{i\alpha} \mid^{q}\right)^{1/q} \tag{5-1}$$

具体有 8 种系统聚类法，作者采用最远距离法，根据各省农业劳动力需求强度和劳动强度对 13 个省份进行区域聚类分析。

聚类分析的结果见表 5-5。第一类为劳动强度最高的地区，包括安徽、山东、河南、陕西，平均劳动强度为 2.86；第二类为劳动强度最低的地区，包括黑龙江、吉林、广西、江苏，劳动强度为 0.69；第三类为劳动力需求强度中等，但劳动力需求强度差异比较大的地区，它们是湖南、江西、辽宁、河北、甘肃，劳动力需求强度的标准差为 4.75，平均劳动强度为 1.97。

表 5-5　13 省区农业劳动强度区域聚类分析结果

分类	地　区	农业劳动力需求强度标准差	劳动强度	
			平均值	标准差
第一类	安徽，山东，河南，陕西	3.06	2.86	1.09
第二类	黑龙江，吉林，广西，江苏	3.50	0.69	0.78
第三类	湖南，江西，辽宁，河北，甘肃	4.75	1.97	1.16

资料来源：作者的调研数据，进行了整理和测算。

引起农业生产单位面积的劳动力需求强度和劳动强度的地区差异的自然因素有很多方面，诸如各地区的气候条件、种植结构、农业耕作制度等。农业劳动力需求强度和劳动强度与农业生产要素的数量和组合形式密切相关，我国各地区土地经营规模、技术水平、劳动力、资本的地区差异比较大是形成农业劳动力需求强度和劳动强度区域性差异的社会经济因素，其中，各地区的农业机械化水平是影响农业劳动力需求的重要的因素。农业机械化是农业生产力提高的直接外推力，农业劳动力转移数量同农业劳均农机净值、劳均耕地面积显著正相关（祝华军，2005）。在其他情况不变的条件下，2005 年农业机械对劳动边际替代率为 0.44（李红，2008）。因此，农业机械对农业劳动力的替代作用是农业劳动力需求区域性特征的主要社会经济因素。

5.4　农业劳动力需求季节性对农业劳动力转移的影响

农业是人类社会赖以存在和一切生产活动进行的前提和基础，

农业生产对劳动力需求的特征决定了农业劳动力剩余量的大小和结构,也决定了农业劳动力转出农业产业的可能性。农业剩余劳动力并非可随时进入非农劳动力市场,为其提供一个长期的人力资源优势保障,它是要受到土地(刘良灿,2006)、农业资本存量(糜韩杰,2008)、工业化技术(陈在余,2006)、农业机械化水平(祝华军,2005;李红,2008)的限制。作者探讨农业劳动力需求与农业剩余劳动力的关系,分析农业劳动力需求季节性对我国农业劳动力转移的影响。

5.4.1　农业劳动力需求与农业剩余劳动力的关系

关于农业剩余劳动力的概念学者们的认识并不完全统一。罗斌(2002)将它分为绝对农业剩余劳动力和相对农业剩余劳动力。其中,绝对农业剩余劳动力指在一定区域、一定时期和一定生产水平条件下,使农业劳动力的边际效益为 0 时,表明该区域的劳动力进一步增加不会增加农业的效益,而劳动力的减少会导致其农业效益的降低;相对农业剩余劳动力,指在一定区域、一定时期和一定生产水平条件下,使农业劳动力的劳动生产率达到全国平均劳动生产率水平时,农业中供大于求的那部分劳动力。农业剩余劳动力的数量应该是两者中较大者。

由此可见,农业劳动力需求会影响到农业剩余劳动力的数量,农业生产对劳动力需求的数量与农业剩余劳动力的数量负相关。因此,农业劳动力需求的季节性特征对农业剩余劳动力的直接影响表现在剩余劳动力的数量上。

5.4.2　农业劳动力需求季节性对农业劳动力转移的影响

农业劳动力需求的季节性是兼业农民产生的根本原因,也是农业剩余劳动力不能够彻底脱离农业生产放弃兼业行为的一个因素。这里,将农业劳动力需求季节性特征对季节性农业剩余劳动力转移的影响归纳为以下 3 点。

首先,农业劳动力需求的季节性导致了农业劳动力季节性剩余与农业劳动力季节性紧缺的问题并存。农业劳动力需求的季节性,一方面导致了农闲时出现大量的农业劳动力剩余,给农业劳动力转移工作增加了难度;另一方面随着经济的发展,农村年轻劳动力大量流入发达地区，根据国务院发展研究中心(2006)对全国17个省市、区的调查结果，74.3%的村认为本村能够外出打工的青壮年劳动力都已经出去，1/3农村其青壮年劳动力的转移率在80%以上。大量青壮年农业劳动力的转移导致农忙时节农户家中缺少劳动力，留守农村的老人、妇女和儿童很难承担起过高强度的农业生产，在农忙时节出现了劳务紧缺的现象。这推动了农业雇工和农村短期劳务市场的发展(邱红，2008)，也提高了农忙时节农业劳动力价格，增加了农业生产的成本。

第二，季节性农业剩余劳动力转移的难易程度、转移的距离和从事的行业部门受到农闲时间限制。作者的调研数据显示，黑龙江、辽宁、吉林、河北等省份农闲时间比较长，最长达到4个月，农业季节性剩余劳动力的流动性比较强，根据杨晓维(2008)的研究，3～6个月的劳动力主要流向周边的非正规工业部门，而那些能够远距离流向正规工业部门的劳动力，由于受到用工制度、交通费用等限制，多局限于半年以上的长期劳动力。农民工的流向也倾向于距离家乡比较远的地区，而在山东、陕西、甘肃、安徽、广西、江苏等地区的季节性剩余劳动力比较少，农民只能选择附近地区从事临时性的工种，如商业、运输业以及建筑业等部门，或者选择在家从事兼业，或者选择闲暇。农业劳动力需求的节性特点造成了临时转移民工的大量富余和长期转移民工的相对不足二者最多可相差8倍之多(杨晓维，2008)，这严重地限制了剩余劳动力的转移能力。

第三，农业劳动力需求强度的季节性特征，是影响农业季节性剩余劳动力从事其他行业的意愿大小的因素。如果农忙时节持续比较长，并且劳动强度很大，从人体的生理特征来看，与外出务工相比，农民更倾向于选择闲暇，因此，农业季节性剩余劳动力的流动性就比较小。

5.5 本章小结

第一，作者利用13个省的387个农户的调研数据，从农业劳动力需求强度和劳动强度两个层面定量分析农业生产对劳动力需求的特征。

第二，我国农业劳动力需求的季节性特征非常明显。我国农业劳动力需求的数量和劳动强度在全年的分布呈现出驼峰型分布。这与农业生产的季节性有很大的关系，在五、六月份和八、九月份都是农业劳动力需求量最大的时期。农业劳动力需求数量和劳动强度在一年当中具有相同的走势。

第三，农业生产的劳动力需求强度和劳动强度的峰值呈现出明显的区域不平衡性。区域性聚类分析结果表明我国13个省区的差异性可以分为三类地区：第一类为劳动强度最高的地区，包括安徽、山东、河南、陕西；第二类为劳动强度最低的地区，包括黑龙江、吉林、广西、江苏；第三类为劳动力需求强度中等，但劳动力需求强度差异比较大的地区，它们是湖南、江西、辽宁、河北、甘肃。

第四，农业劳动力需求的特征对农业剩余劳动力具有3方面的显著影响。农业劳动力需求的季节性导致了农业劳动力季节性剩余与劳动力季节性紧缺的问题并存。农闲时间的长短决定了农业剩余劳动力转移的难易程度和转移方向。

第五，相关主管部门应该对农业劳动力需求的季节性和区域性给予高度的重视。推动农业剩余劳动力合理转移是一项长期而艰巨的任务，要保证农业剩余劳动力持续地向外转移，需要加大对农业的投资力度，增强农业资本在农业生产中的作用，加快对传统农业的改造，完成农业机械对劳动力替代，削弱农业劳动力需求的季节性变动，消除劳动力季节性剩余。

第六章　我国农业机械化发展对劳动力需求的作用分析

农业机械化发展的目标是提高劳动生产率，减轻劳动强度，实现农业的稳产高产。其中，通过要素替代提高劳动生产率是其直接效果，这也是社会经济的发展的一个必然趋势。本章主要包括三方面的内容：一是定量分析我国农业机械化水平与农业劳动力需求量之间的关系；二是在前文工作基础上，探讨在考虑季节性条件下我国农业劳动力的有效需求；三是模拟分析我国农业机械化发展与农业劳动力需求、农业劳动力转移之间的综合关系。

6.1　我国农业机械化水平与农业劳动力需求关系分析

在此，以代表性农产品为研究对象，定量分析随着我国农业机械化水平的提高，农业劳动力需求量的变化。

6.1.1　数据来源与整理

对于作者选择的代表性农产品，单位面积产品生产需要的劳动力数量可以从《全国农产品成本收益资料汇编》和《中国农业年鉴》中得到，有效样本时间范围是 1981—2009 年。

根据中华人民共和国农业部 2007 年 6 月 14 日发布的农业机械化水平评价标准，耕种收综合机械化水平计算方法，利用各年度耕地、播种和收获的农产品面积，计算得到各年度的综合机械化水平。耕种收综合机械化水平数据取自《全国农业机械化统计年报》。由于测算综合机械化水平时存在我国耕地面积统计口径的变化，源于《全国农业机械化统计年报》的数据不具有长时间序列可比性，1999 年前后的综合机械化水平数据难以衔接。详见本书的附录 2。

为了解决上述问题，得到具有时间一致性的我国耕种收综合机械化水平数据，作者利用《中国统计年鉴》(各年)和《中国农业发展报告》(2006)提供的我国耕地面积统计数据，按照上述方法进行计算，得到修正后的结果，见附录 2，作者根据国土资源部公布耕地面积进行测算的数据，样本时间范围是 1980—2009 年。

图 6-1(A)、(B)、(C)、(D)、(E)分别示出水稻、小麦、玉米、大豆和棉花等 5 种农产品的生产中单位面积用工数量与农业机械化水平之间的关系。可以看出，各种作物的变化趋势具有相似性，随着我国耕种收综合机械化水平的提高，各种作物单位面积用工量单调下降，劳动生产率逐步提高。

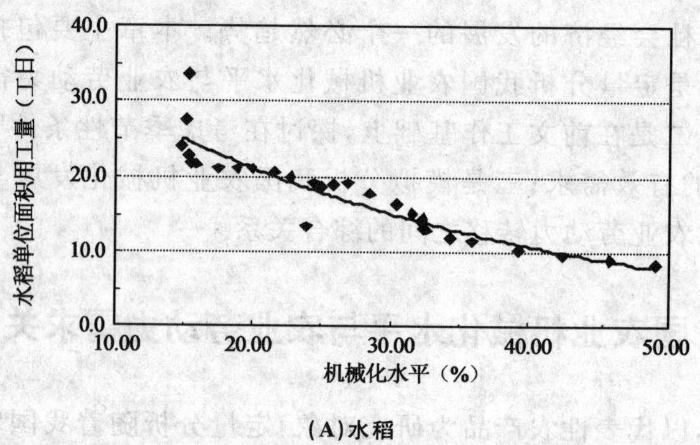

(A)水稻

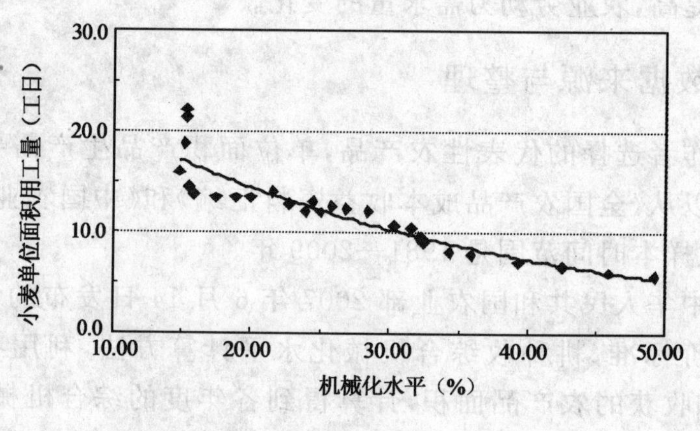

(B)小麦

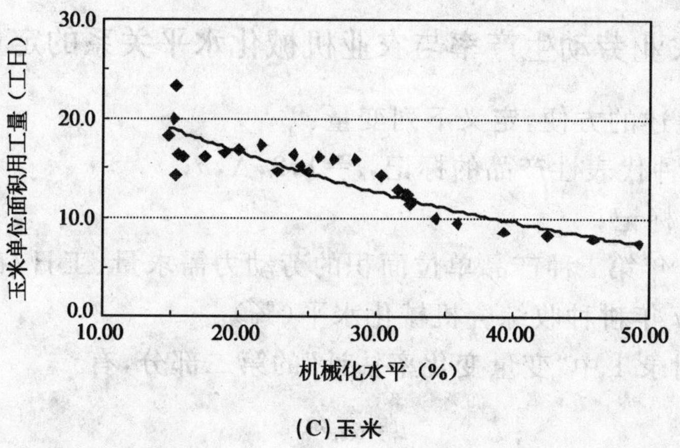

(C)玉米

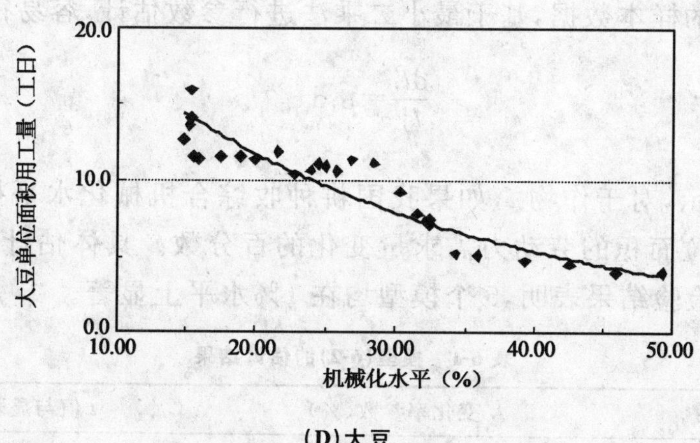

(D)大豆

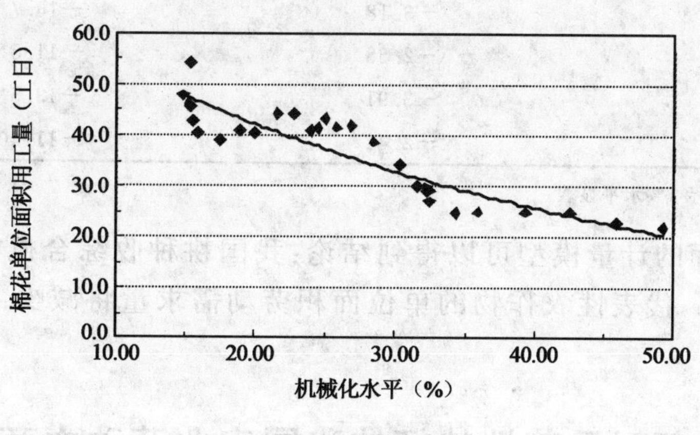

(E)棉花

图 6-1 单位面积农产品生产用工数量与农业机械化水平之间的关系(1981—2009 年)

6.1.2 农业劳动生产率与农业机械化水平关系的定量分析

为了表述的方便，定义下列变量：

i：第 i 种代表性产品的标记，$i=1,2,\Lambda,n$；

t：年份标记；

l_i^t：第 t 年第 i 种产品单位面积的劳动力需求量(工日/亩)；

x_t：第 t 年耕种收综合机械化水平(%)。

参考附录 1 中"变量变化率估计"的第二部分，有

$$l_i^t=\alpha_i e^{\beta_i x_t} \tag{6-1}$$

利用前面的样本数据，基于最小二乘法进行参数估计，容易得到

$$\frac{\mathrm{d}l_i^t}{l_i^t}=\hat{\beta}_{\mathrm{i}}\mathrm{d}x_t \tag{6-2}$$

参数 $\hat{\beta}$ 表示，对于作物 i，如果我国耕种收综合机械化水平提高 1%，该作物单位面积的劳动力需求量变化的百分数。具体估计结果见表 6-1，模型检验结果表明，5 个模型均在 1%水平上显著。

表 6-1 模型(6-2)的估计结果

产品	变化率参数(%)	t 值与显著性
水稻	−3.12	−16.0**
小麦	−3.18	−16.7**
玉米	−2.58	−11.5**
大豆	−3.91	−13.5**
棉花	−2.42	−11.40**

说明：** 表示 1%水平显著。

从上面的计量模型可以得到结论：我国耕种收综合机械化水平每提高 1%，代表性农作物的单位面积劳动需求量将减少 2.42%～3.91%。

6.2 考虑到季节性特征的我国农业劳动力有效需求分析

在以往的研究中，很少有人将农业生产的季节性特征纳入我国

农业劳动力需求估计中。在第五章,作者通过典型调查得出了农业劳动力需求的季节性特征,现在进一步考虑该分布特征对我国劳动力需求量的影响。

6.2.1 基础方案

如果在公式(3-3)中,按照每个社会劳动力应该工作的工日数来估计参数 β_t,意味着农业生产对劳动力的需求是均匀分布的(图 6-2,均匀分布方案),也就忽略了农业生产的季节性以及对劳动力需求的季节集中特征。由于在季节高峰需要有更多的农业劳动力需求,而在其他季节就会不可避免地出现非完全自由流动带来的农业劳动力滞留,用上述公式得到的数值可以看成是我国农业生产需要劳动力数量的下限,表 3-1 中的前人研究结果基本上都是在该条件下估计得出的。

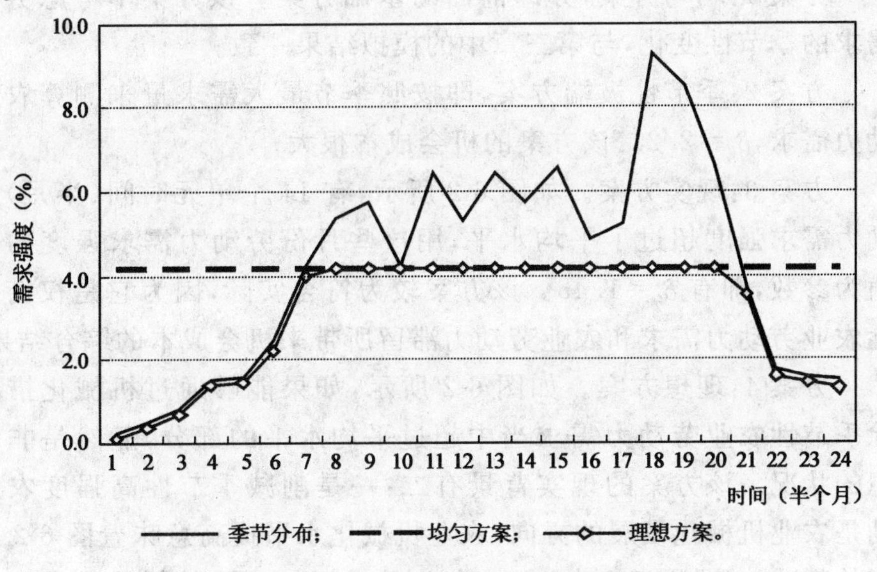

图 6-2 农产品生产中劳动力需求强度的季节分布

如果以此为基础,将农业生产需要劳动力数量的季节性特点纳入考虑,可以将公式(3-3)修改为

$$L_t = \frac{\delta_t \cdot \sum_{i=1}^{n} L_i^t}{\alpha_t \beta_t} \tag{6-3}$$

新增加的季节性系数 δ_t 满足 $\delta_t \geqslant 1$。

对于均匀分布的劳动需求，显然 $\delta_t=1$，公式(6-3)即为公式(3-3)。在一般情况下，由于季节性的存在，该系数大于1；极端地，如果劳动力都因为满足季节高峰需求而滞留在农业产业中，该数值的大小取2.2左右(表5-1，对应劳动力需求强度最大的9月下半月)，因此，季节性系数 δ_t 取值范围理论上为[1,2.2)。由于这种情况是全国劳动力需求最大时期，持续时间较短，用于公式(6-1)估计劳动需求显然偏大，按照该值推算的劳动力需求意味着很大的劳动要素(劳动力)机会成本损失。

6.2.2 考虑季节性的我国农业劳动力有效需求模拟分析

在此，作者设计出4个模拟分析方案，以2007年为基期，模拟分析各种季节需求强度条件下我国农业劳动力需求的情况。

方案1:均匀方案，亦即前面的基础方案。该方案不考虑劳动力需求的季节性变化，与第三章中的模拟结果一致；

方案2:季节性极端方案，即按照季节最大需求量来测算农业劳动力需求，$\delta_t=2.2$。该方案的机会成本很大；

方案3:现实方案。如图6-2所示，有14个单元时间(半月)的劳动力需求强度超过了平均水平，用这些月份劳动力需求强度的平均值为参数，即有 $\delta_t=1.45$。该方案较为符合实际，因为它是权衡季节性农业劳动力需求和农业劳动力滞留所带来机会成本的综合结果；

方案4:理想方案。如图6-2所示，如果能够通过机械化措施消除季节性农业劳动力需求当中超过平均水平的部分，显然是非常理想的状况。该方案的现实背景有二:一是削减季节性高强度农业劳动是农业机械化发展的方向，农业机械化水平提高意味着图6-2中高峰的削减；二是图6-2中有10个单元时间(半月)的低谷是农业生产的实际反映，不可能在短期内提高。

具体的模拟计算是使用公式(6-3)对农牧业劳动力需求量进行估算，使用2007年的劳动力数据测算剩余劳动力的数量。由于数据来源不同，对具体结果的推算有一定影响，这里分别就两个主要数据来源及其结果进行讨论。

①根据2008年《中国农业年鉴》和《中国农业发展报告》，我国2007年的乡村劳动力为5.13亿人，其中从事农、林、牧、渔业的劳动

力为 2.88 亿人，占乡村劳动力总数的 56%，其他劳动力从事非农产业。如果扣除从事林业和渔业的劳动力数量(10%，根据《中国农业年鉴》数据推算)，从事农牧业生产的农业劳动力估计为 2.59 亿人。

②根据 2008 年《中国统计年鉴》提供的数据，我国乡村劳动力总数为 4.764 亿人，其中从事乡镇企业、私营企业和个体经营者的为 1.995 亿人(表 3-3)，据此可以推算出，我国 2007 年从事农牧业生产的农业劳动力估计为 2.492 亿人。相比之下，与上面得到的结果基本一致。

这里，进行模拟分析的劳动力数量即以第一组结果为基础。为了综合比较不同方案参数选择的差异，用每一个方案下劳动力的闲置情况作为机会成本的度量；为了比较的直观性，以理想方案(方案 4)为基准方案，其机会成本取值为 1。

表 6-2 是作者通过测算得到的计算结果。具体做如下讨论：

表 6-2　我国农业劳动力需求量的模拟分析结果

方案	δ_t	农业劳动力需求(亿人)	剩余劳动力估计(亿人)	机会成本
方案 1	1.0	1.39	1.20	—
方案 2	2.2	3.05	−0.46	3.01
方案 3	1.45	2.01	0.58	1.96
方案 4	1.0	1.39	1.20	1.00

说明：方案 1 不是现实方案，主要用于对比；方案 4 有季节性剩余。

①如果不考虑季节性，我国农业劳动力需求为 1.39 亿人，剩余农业劳动力估计为 1.20 亿人左右；如果考虑到季节性需求，在较为实际的方案下，我国农业劳动力需求为 2.01 亿人，需要转移的剩余农业劳动力估计为 0.58 亿人。

②方案 2 只关注了季节高峰，如果由于高峰时间的劳动力需求，我国农业劳动力需求为 3.05 亿人，现有从事农业生产的劳动力数量显得紧张，短缺 0.46 亿人。模拟方案中的短缺值可以有两个理解：一是从事非农产业的农业劳动力在特定季节回流；二是该季节劳动强度明显加大，这可以从第五章的劳动强度分析得到证实。

③方案 2 具有较大的机会成本。它从另外一个方面强调了农业机械化的重要性，特定季节我国农业劳动力供求偏于紧张，对于需要劳动力较多的作业，用机械来代替劳动，是十分迫切的。换句话说，

如果考虑到农业生产的季节性，关于“发展机械化会出现劳动力剩余”的观点是不成立的，问题的实质是要回答：如何发展农业机械化？农业机械化的关键点在哪里？

④季节性的存在给农业劳动力需求带来了较大的机会成本，即使是现实方案 3，机会成本仍然差不多是理想方案的 2 倍，这意味着，在相当长的时间内，虽然农业机械化水平继续提高，但是，短期的季节性农业劳动力短缺与季节性农业劳动力剩余仍然会交替出现和客观存在。为了保证农业生产的持续稳定发展，利用就近非农产业来吸收短期剩余劳动力仍然是非常重要的。

6.3 对农业机械化发展、农业劳动力需求与转移的综合分析

在此，作者进一步对不同农业机械化发展水平对农业劳动力需求和农业劳动力转移产生的效果进行模拟分析，旨在考虑农业生产的季节性特征，获得关于农业机械化发展对我国农业劳动力需求、农业劳动力转移的定量结果。

6.3.1 基础方案

主要方案设计思路及要点如下：①以 2007 年为基年，劳动力供给数量和结构不变，使用公式(6-3)进行模拟分析；②农业机械化水平的提高，表现在代表性农产品生产中劳动生产率的提高，农业机械化水平提高的效果使用表 6-1 中的参数估计值；③我国 2007 年的耕种收综合机械化水平为 42.5%(附录 3)，除了该基准方案(方案 1)，机械化水平的提高程度拟考虑设定 4 个模拟方案：50%(方案 2)，55%(方案 3)，60%(方案 4)，70%(方案 5)(表 6-3)；④考虑到农业劳动力需求的季节性，以表 6-2 中的方案 3(现实方案)为主，即有，方案 1(均匀方案)、方案 4(理想方案)作为对比方案；⑤假设农产品种植规模和种植结构不变，即机械化水平的提高产生的效果是“均匀”的。由于某种农产品的机械化水平提高可以降低生产成本，引发种植结构的调整向改进较大的农产品倾斜，与实际情况相对应，该假设会出现略微保守的模拟结果。

6.3.2 模拟结果和分析

表 6-3 是得到的模拟计算结果。进行如下讨论和分析：

表 6-3 我国农业机械化水平提高的模拟结果

方案	农业机械化水平（%）	农业劳动力需求（亿人）	剩余劳动力估计（亿人）
方案 1	42.5	2.01	0.58
方案 2	50.0	1.76	0.83
方案 3	55.0	1.59	1.00
方案 4	60.0	1.43	1.16
方案 5	70.0	1.09	1.50

第一，农业机械化能够显著解决我国农业劳动力需求问题，随着机械化水平每提高 1%，能够置换出 3% 的单位面积农业用工。

第二，以 2007 年为基础，如果机械化水平能够提高 10%，现存的季节性劳动力需求高峰时短缺状况（表 6-2）将得到实质性改善。

第三，如果农业综合机械化水平提高到 70%（全面农业机械化水平），据保守估计，我国农业劳动力需求只有 1 亿人左右，需要转移的剩余劳动力增量将达到 1.5 亿。

第四，农业机械化水平的提高，促进了农业劳动生产率的提高，同时也保证了农业生产的稳定发展和农产品供给，降低了农业劳动强度，减少了由于季节性需求高峰所产生的机会成本。从这个角度出发，促进我国农业机械化发展与改善农业劳动力就业是一致的。

6.4 本章小结

第一，本章主要分析了代表性农产品的劳动生产率随着农业机械化水平提高的变化规律。结果表明，提高机械化水平能够显著减少农业生产用工数量，提高农业劳动生产率。我国综合机械化水平每提高 1%，单位面积的小麦、水稻、玉米、大豆和棉花用工量分别减少 3.12%、3.18%、2.58%、3.91%和 2.42%，整体来看，能够置换出大约 3%的单位面积农业用工。

第二，如果考虑到季节性对农业劳动力需求的影响，我国近年的农牧业生产所需劳动力数量为 2.01 亿，农林牧渔业的劳动力需求为

2.21亿;我国需要转移的富余劳动力有0.58亿,这一数值对关键季节机械化作业水平的提高非常敏感。

第三,模拟结果表明,我国农业综合机械化水平如果能够由42.5%左右提高到50%、60%和70%,将能够减少农业劳动力数量12%、29%和46%。如果农业综合机械化水平提高到70%(全面机械化水平),我国农业劳动力需求不超过1亿人。

第四,促进我国农业机械化发展与减少农业劳动力、加快农业劳动力转移在一定程度上具有逻辑一致性。积极推进我国农业机械化水平的提高,能够在保证农业生产和农产品供给的条件下提高劳动生产率,促进农业劳动力的转移,实现农业资源的有效配置。典型产品(如棉花)、关键环节、重点季节作业机械化水平的提高具有显著的作用,这些问题应成为我国农业机械化科技发展的方向,也是需要解决问题的关键。

第七章 结论与建议

作者从农业生产的劳动力需求入手，通过理论研究、大范围实地调研、定量分析和政策分析，系统探索了我国农业劳动力的转移与农业机械化发展之间的关系，重点讨论了农业劳动力需求的季节性对我国农业劳动力转移的影响，得到了一些有价值的结果。现将整个论文工作总结如下，并提出促进我国农业机械化发展和农业劳动力合理有序转移的政策建议，以及进一步研究的主要问题。

7.1 主要研究结论

第一，农业机械化发展与农业劳动力转移之间的关系，是一个非常重要的问题，也是分析农业机械化、农业产业结构和我国农业发展的一个关键点。我国农业生产的区域性特征明显，季节性劳动力需求问题突出。作者在考虑到季节性和区域性条件下，对农业机械化发展与农业劳动力转移等问题展开系统研究，旨在为国家有关部门制定促进我国农业发展相关政策提供研究支持。

第二，作者通过比较分析农业劳动力转移的主要理论，明确了各理论适用的社会背景条件。分析了农业机械装备技术不变情况下资本对劳动的替代作用和农业机械装备技术进步条件下资本对劳动的替代作用。对我国农业机械化发展和农业劳动力的转移现象进行了阶段性归纳分析。

第三，目前我国农业劳动力供给出现了新的趋势，由原来的无限供给转变为有限供给，由绝对过剩转变为相对过剩，农业劳动力结构性、季节性、区域性短缺矛盾日益突出。随着农业劳动力向第二、三产业转移速度加快，迫切需要用农业机械替代人力，缓解日益突出的季节性农业劳动力短缺矛盾，保障农业生产稳定发展。与此同时，农业机械化的发展，把农民从土地中解放出来，从传统的农业生产方式和繁重的体力劳动中解放出来，促进了农业劳动力向非农产业转移，拓展了农民的增收空间。

第四，改革开放以来我国农业劳动力转移经历了三个发展阶段。在起始阶段，我国农业劳动力快速转移，一方面反映了农村就业结构的巨大变革，另一方面也反映了我国农业的波动性；在缓慢增长阶段，经济和政策环境对农业劳动力转移的刚性约束加强，农业劳动力转移的规模和速度同时减少；在继续扩张阶段，国家关于劳动力流动就业的政策发生了一些积极的变化，农业劳动力转移加快。

第五，农业劳动力转移是一个复杂的社会经济积累发展过程，由于历史和现实的种种原因，我国农业劳动力转移面临着诸多的问题，如农业劳动力转移的首要问题就是转移不足、农业机械化发展水平的不适应性、农业劳动力转移还停留在低层次以及存在转移劳动力的合法权益等问题，这些都是促进农业劳动力转移过程中必须面对和加以逐步解决的问题。

第六，实现农业机械化是农业劳动力转移的必要条件，农业机械化发展总体水平不高是制约我国农业劳动力转移的原因之一。造成我国农业劳动力转移不足的因素是多方面的：优先发展重工业的工业化道路遗留了沉重的劳动力转移负担；乡镇企业普遍面临着经营困难，造成了吸纳剩余劳动力的能力下降；农业机械化总体水平不高，还不能充分把农业劳动力从土地中解放出来；农业劳动力普遍文化水平较低，整体素质不高；劳动力市场运作机制不健全，农业剩余劳动力转移存在盲目性；各种阻碍农业劳动力转移的现行制度。

第七，作者从农业生产率、单位农产品用工的角度出发，细致地测算了我国农业生产中的劳动力有效需求量，所得到的结果与现有研究结论存在一定差别，结果表明：我国农牧业生产所需要的劳动力数量为 1.39 亿～1.77 亿，农林牧渔业的劳动力需求为 1.54 亿～1.96 亿。除了从事乡镇企业、私营企业的劳动力和个体经营者，我国最少还有 0.9 亿～1.2 亿劳动力富余，这些劳动力中的一部分转移到其他产业，还有一部分以低生产率滞留在农业产业中。

第八，在1981—2009年间，我国主要农产品的亩用工量年平均下降2.84%～4.40%。劳动生产率大幅度提高，水稻、小麦、玉米、大豆和棉花劳动生产率分别提高了229.0%、362.8%、190.9%、277.3%和174.8%，这些变化可以很好地用农业机械化发展情况来解释。

第九，作者对我国主要农产品成本中人工费用比重的测算和分析得到了有意思的结果，从1996—1997年开始，我国农产品单位面积用工数量明显减少，劳动力成本比例下降。按照保守的估计，我国农牧业生产所需要的劳动力数量会在今后15～20年中减少一半，农业劳动力转移的空间很大。

第十，为了详细了解掌握典型地区在各季节农业生产所投入的劳动力数量和劳动强度情况，按照选择较多的省份作为样本，并对这些省份所种植的主要作物进行调查的思路，开展调研。调研结果显示，不同地区的农户家庭拥有的劳动力数量差别不大，户均为3个左右，但劳动力在农业产业的分配比例存在明显的差异；农业机械减轻农业劳动强度的作用是明显的，制约农户购买和使用农业机械的主要原因是农业机械价格较高和耕地经营规模较小。

第十一，利用13个省的387个农户的调研数据，从农业劳动力需求强度和劳动强度两个层面定量分析农业生产对劳动力需求的特征。分析结果显示，我国农业劳动力需求的季节性特征非常明显。农业劳动力需求强度和劳动强度在全年的分布呈现出驼峰型分布。这与农业生产的季节性有关，在五、六月份和八、九月份都是农业劳动力需求量最大的时期。农业劳动力需求强度和劳动强度在一年当中具有相同的走势。农业生产的劳动力需求强度峰值呈现出明显的区域不平衡性。

第十二，农业劳动力需求的季节性特征对农业剩余劳动力具有三方面的显著影响。农业劳动力需求的季节性导致了农业劳动力季节性剩余与农业劳动力季节性紧缺的问题并存；农闲时间的长短决定了农业剩余劳动力转移的难易程度和转移方向。

第十三，机械化水平的提高能够显著减少农业生产用工的数量，从而提高农业劳动生产率。我国综合机械化水平每提高1%，单位面积的小麦、水稻、玉米、大豆和棉花用工量分别减少3.12%、3.18%、

2.58%、3.91%和2.42%，整体来看，能够置换出大约3%的单位面积农业用工。我国需要转移的富余劳动力数量对关键季节机械化作业水平的提高非常敏感。

第十四，如果考虑到农业生产的季节性对农业劳动力需求的影响，我国近年的农牧业生产所需劳动力数量为2.01亿，农牧渔业的劳动力需求为2.21亿；如果我国农业综合机械化水平如果能够由2007年的42.5%左右提高到50%、60%和70%，将能够减少农业劳动力数量12%、29%和46%；如果我国的农业综合机械化水平达到70%，农业的劳动力需求不超过1亿人。

第十五，促进我国农业机械化发展与减少农业劳动力、加快农业劳动力转移在一定程度上具有逻辑一致性。积极推进我国农业机械化水平的提高，能够在保证农业生产和农产品供给的条件下提高劳动生产率，促进农业劳动力的转移，实现农业资源的有效配置，增加农民收入。棉花等典型产品、收获等关键环节、重点季节作业机械化水平的提高对减少农业劳动力的有效需求具有显著的作用，这些问题应成为我国农业机械化科技发展的方向，也是需要解决问题的关键。

7.2 政策建议

我国农业机械化发展对于农业劳动力转移的推动作用十分重要。针对我国农业现代化进程中的农业劳动力转移面临的问题和制约因素，书中围绕农业机械化与农业劳动力转移的关系，提出以下5点政策建议。

(1)进一步提高农业机械化总体水平，保证农业生产稳定和劳动力有序转移

我国农业机械化发展与农业劳动力的从业状况有着密切的联系。一方面，非农产业的高生产率给农业劳动力转移提供了需求；另一方面，农业产业本身有着提高劳动生产率的潜在需求，它提供了农业劳动力转移的现实可能性，提高农业机械化水平是必然选择。

作者研究表明，我国农业劳动力转移的空间很大，农业机械化总体水平不高，制约了我国农业劳动力的有效转移。我国农业机械化

刚进入中级发展阶段，且区域发展极不平衡，不利于农业产业结构的调整和充分带动二、三产业的发展，不能充分发挥促进农业劳动力的转移的作用。因此，需进一步提高农业机械化水平，提高农业生产率，促进农业劳动力的有效转移，确保农业增加产量、农民增加收入。

(2)推进农业机械化全面协调可持续发展，提高农业机械化发展质量

在促进农业机械动力总量增长的同时，进一步优化农业机械装备结构，提高产品性能和质量；在加快推进粮食作物生产全程机械化同时，还要积极推动经济作物生产机械化。不仅要大力推动农作物耕种收等关键环节机械化，还要推动各个生产环节的机械化，全面提高农业的产前、产中、产后等各领域机械化水平。在扩大作业规模的同时，进一步提高生产经营效益。不断完善农业机械化发展机制，提高农业机械化发展质量。

(3)加大农业机械科技开发力度，重点解决区域性和季节性农业机械化问题

农业生产季节性集中是农业劳动力低效率滞留的重要原因。相关主管部门应该对农业劳动力需求的季节性和区域性给予高度的重视。推动农业剩余劳动力合理转移是一项长期而艰巨的任务，要保证农业剩余劳动力持续地向非农产业转移，需要加大对农业的投资力度，特别是对农业机械科学技术研究的投入，加强农业机械化关键技术创新。坚持基础理论研究和产品应用开发相结合，适应农业规模化、精准化、设施化发展的要求，加快开发多功能、智能化、经济型农业装备设施，增强农业资本在农业生产中的作用，加快对传统农业的改造，破解农业机械化发展瓶颈，切实提高农业机械化总体水平，完成农业机械对劳动力替代，削弱农业劳动力需求的季节性变动，消除农业劳动力季节性剩余。

(4)完善农业机械作业的社会服务体系，消除农业劳动力长期转移的后顾之忧

农业机械化的社会服务体系建设不足，社会化服务水平不能满足目前农业生产的季节性需求，这给农业劳动力彻底转移出农业产

业带来了较大阻碍。目前,我国农业机械跨区作业的规模和范围不断扩大,成为我国农机社会化服务的主要模式之一。探索更加有效、完善的农业机械化社会服务管理模式,对于提高农业机械的利用效率,抚平农业劳动力需求的季节性特征,消除农业劳动力转移的后顾之忧是十分必要和迫切的。支持农业生产经营者通过农业机械、土地、资本、技术等生产要素联合,创办多种所有制形式的农机合作社、农机作业公司等新型农机服务组织,不断提高服务能力,扩大服务规模,提升服务质量与效益。鼓励农机服务组织承包经营闲置和流转土地,为农户、种养大户、农业企业提供代耕代种代收等系列化农机作业服务,促进农业生产方式的转变。

(5)加强对农民的技术培训,提高农业劳动力素质

提高我国农业劳动力的整体素质,是实现我国农业劳动力良性转移,进而实现农业现代化的一个长期的战略任务。我国农业劳动力转移面临的诸多问题都与我国农业劳动力整体素质较低直接相关。因此,调整农村教育结构,积极发展农村职业技术和技能教育,提高农业劳动力整体素质,特别是对于留守的农业劳动力的再教育,以满足农业机械化,农业现代化的发展需要。加强已转移劳动力的再培训,通过企业、学校和政府合作的形式,对转移人员进行以面向用工市场的职业技能为主要内容的再培训,引导农业劳动力的职业化转移。

7.3 对进一步研究的建议

其一,作者的研究工作以宏观分析为主,进一步的研究可以在主要农业产区选择典型村镇,进行系统深入的案例研究,旨在从微观层面上探讨农业机械化发展在促进农业劳动力转移和保障农业产业稳定增长方面的作用机制。

其二,我国农业机械化发展具有鲜明的区域性特征,书中主要进行了总体研究,建议进一步细致研究不同区域农业劳动力需求的季节特征,以及关键农作物生产的机械化问题。

其三,从经济学角度出发,进一步研究农业与非农产业之间的生产率差异问题。以便深入探讨随着我国经济的快速发展农业劳动力转移的需求变化,以及对农业机械化发展的需求。

附　录

附录 1　变量变化率估计的最小二乘法

某一变量(y)随着时间(t)变化,或者随着另外一经济因子(x)发生变化,其增长(变化)率也称为增长(变化)速度,需要利用样本数据进行测度,这是社会经济系统分析中经常遇到的问题,论文中采用最小二乘法进行增长率估计。

(1)变量(y)随着时间 t 变化,用环比增长率等多种方法求得其平均增长率。这种方法是世界银行等组织推荐的增长率估算方法。

设样本长度为 n,用最小二乘法估计增长率的估计方法为:

$$y_t = y_0 \cdot \nu^t = y_0(1+r)^t t = 1,2,\Lambda,n$$
$$\ln y_t = \ln y_0 + \ln(1+r) \cdot t = a + b \cdot t$$

该式可以用最小二乘法估计。根据结果容易得到变量(y)的增长率为:

$$r = e^{\hat{b}} - 1$$

(2)如果用 x 作为自变量,相应的样本为(x_i, y_i),$i=1,2,\Lambda,n$。

$$y = \alpha e^{\beta x}$$
$$\ln y = \ln\alpha + \beta \cdot x = \delta + \beta \cdot x$$

在样本一定时,该式可以用最小二乘法估计。据此容易得到两个经济变量之间的变化关系:

$$\frac{\mathrm{d}y}{y}=\hat{\beta}\mathrm{d}x$$

当自变量变化 1 单位时,估计参数 $\hat{\beta}$ 表示了因变量变化的百分点。

附录 2 我国耕种收综合机械化水平数据(%)

年份	全国农业机械化统计年报测算数	修正耕地面积的测算数	年份	全国农业机械化统计年报测算数	修正耕地面积的测算数
1980	21.2	17.0	1995	31.9	25.8
1981	19.1	15.3	1996	33.1	26.9
1982	18.9	15.2	1997	34.9	28.5
1983	18.4	14.8	1998	37.1	30.3
1984	19.2	15.3	1999	38.6	31.6
1985	19.5	15.5	2000	32.3	33.0
1986	20.1	15.9	2001	32.2	33.1
1987	22.0	17.5	2002	32.3	33.6
1988	23.8	18.9	2003	32.5	34.1
1989	24.9	19.8	2004	34.3	36.5
1990	27.0	21.6	2005	35.9	38.3
1991	28.3	22.7	2006	39.3	40.8
1992	29.6	23.9	2007	42.5	44.4
1993	30.4	24.5	2008	45.9	45.9
1994	30.9	25.0	2009	49.1	49.1

资料来源:《中国农业统计年鉴》,《全国农业机械化统计年报》。各年。

说明:“全国农业机械化统计年报测算数”是根据中华人民共和国农业部 2007 年 6 月 14 日发布的农业机械化水平评价标准,耕种收综合机械化水平计算方法,利用各年度耕地、播种和收获的农产品面积,计算得到各年度的综合机械化水平。耕种收综合机械化水平数据取自《全国农业机械化统计年报》。由于耕地面积统计口径的变化,机耕水平的测算结果不具有可比性,这从 1999—2000 年的综合机械化水平的急剧变化可以看出存在的问题。

“修正耕地面积的测算数”是作者根据国土资源部公布的我国耕地面积统计数据,按照上述方法进行修正计算得到的,主要目的是校正"全国农业机械化统计年报测算数"测算中存在的问题。这里,耕地面积数据取自《中国农业发展报告》(2006 年)。2008—2009 年数据采用农业机械化统计年报的数据。

附录 3 典型地区 2006 年农业用工情况入户调查问卷

(调查员姓名:________ 班级:________ 联系电话:__________)

第一部分:农户基本情况

1. 被访家庭地址:__________省__________县(市)__________乡(镇)__________村

2. 被访家庭耕地状况:共有耕地_____亩,分布在_____个地块;当地农民人均耕地_______亩,地形:_______(平原、丘陵、梯田、坡地、山区);是否有把多户耕地合并在一起进行联合生产的意愿:____(有、无)。

3. 家庭人口状况:共有______人,其中劳动力_____人;一年内在家专门从事农业生产的_____人,有时从事农业生产有时又从事非农生产的_____人(其中从事非农业生产一年累计_____个月,打工 1 人 1 月收入_____元),只从事非农业生产的_____人(包括外出打工和在本地打工,打工 1 人 1 个月的收入_____元)。

4. 家庭主要生产经营:_______(①粮食;②养殖;③蔬菜;④果树;⑤其他:_______。可多选,根据在该家庭的重要程度排列)。

5. 养殖、蔬菜、果树等生产规模。养殖:①猪_____头、②牛_____头、③羊_____只、④鸡_____只、⑤其他_____个,养殖一年共使用劳动力_______(人·天);种植蔬菜____亩,估计一年使用劳动力_____(人·天);种植水果_____亩,估计一年使用劳动力_____(人·天)。

6. 家庭年收支情况:2006 全年家庭总收入_______元。其中,①农业共收入_______元;②非农(打工)收入_____元;③2006 年用于农业生产的投入共约_____元,其中雇用人工花费_____元,雇用农业机械的花费_____元。

7. 本地区种植制度：一年______熟（一熟、两熟、三熟），其中种植的主要农作物是______、______、______（可填写多种农作物并根据种植面积排序）。

8. 家庭拥有的农业机械情况：拖拉机____台，播种机____台，收割机____台，脱粒机____台，农用车____辆，水泵____台，另外还有：________、________；家庭所拥有的农业机械总价值____元（按当时购买价计）。目前在当地农业生产中非常需要的农业机械是：__________、__________、__________、__________（按重要程度进行排序）。是否接受过农业机械使用方面的技术培训：______（是，否）。

9. 使用农业机械的主要原因是：__________（①雇工较难；②减轻体力劳动；③抢农时；④比雇人工便宜；⑤可增产。多选请按重要程度排序）。

10. 农户认为制约当地农业机械推广的主要原因是：______________（①使用机械比人工成本高；②地块小，不能用；③农机价格贵，买不起；④机械性能不能满足要求；⑤机械作业质量不能满足要求；⑥没有合适型号的机械；⑦农路条件差。多选按重要程度排序）

11. 目前使用人工劳动强度最大的农业生产作业环节是：①________、②________、③________、④________（按由强到弱顺序列入）；不用农业机械的原因是：______________。

12. 近期是否打算购买农业机械：____（是，否）；若是，想购买的农业机械是：①________、②________、③________。

13. 您是否希望生产经营的土地规模再大一些：____（是，否）；根据目前情况，您觉得种植__________亩土地比较合适。

14. 当地有跨地区农机作业的情况吗？____（有，无）；您是愿意接受本地的农机服务还是跨区农机作业服务？______（①本地，②跨区，③都可以）。

15. 若本家庭中有人在外地打工（或工作），农忙时是否回家帮忙？____（是，否）；若回家，帮助的作业项目是：________，一年在家劳动的时间______天。

第二部分：主要农作物用工情况调查

本部分调查的主要目标是：根据当地的种植制度，对每一种主要农作物的一个种植周期，从准备播种一直到收获完，整个过程中的各主要作业项目（如耕地、播种、插秧、间苗、除草、灌溉、施肥、收割等）的用工情况，按自然月份分别进行调查和填表。

★填写下表注意事项：①当地农民使用的日期是公历还是农历；②填写作业项目时，在同一个时间段内，如果有多项作业，请一一列入；③填写人工数量，按实际发生的人·天数填写；④使用自有机械时用人工数计入“自家用工数量”内，雇用机械时操作人员不计人工数量；⑤劳动强度大小按工作日的长短和强度填写，如：农活很重作业时间又长，填“很累”；农活很重作业时间不长，填“累”；农活不重但作业时间长填“较累”；⑥填写雇用人工价格时，可能出现按照作业量（元/亩）和人工数量（元/（人·天））两种计费方式，根据当地情况尽可能换算成（元/亩）形式。

主要农作物 1：________（种植面积____亩，种植地块数____块）

日期（公历/农历）		生产过程中的作业项目	作业方式 ①人工 ②机械	使用人工数量（人·天）		雇用人工价格 A(元/亩) B(元/(人·天))	使用机械来源 ①自有 ②雇用	雇用机械价格（元/亩）	如果该项作业雇用机械可接受的最高价格（元/亩）	实际感觉劳动强度				
				自家用工数量	雇用人工数量					很累	累	较累	一般	轻松
1月	上半月													
	下半月													
2月	上半月													
	下半月													
3月	上半月													
	下半月													
4月	上半月													
	下半月													
5月	上半月													
	下半月													
6月	上半月													
	下半月													

续表

日期（公历/农历）		生产过程中的作业项目	作业方式 ①人工 ②机械	使用人工数量（人·天）		雇用人工价格 A(元/亩) B(元/(人·天))	使用机械来源 ①自有 ②雇用	雇用机械价格（元/亩）	如果该项作业雇用机械可接受的最高价格（元/亩）	实际感觉劳动强度				
				自家用工数量	雇用人工数量					很累	累	较累	一般	轻松
7月	上半月													
	下半月													
8月	上半月													
	下半月													
9月	上半月													
	下半月													
10月	上半月													
	下半月													
11月	上半月													
	下半月													
12月	上半月													
	下半月													

主要农作物 2：________（种植面积______亩，种植地块数______块）

日期（公历/农历）		生产过程中的作业项目	作业方式 ①人工 ②机械	使用人工数量（人·天）		雇用人工价格 A(元/亩) B(元/(人·天))	使用机械来源 ①自有 ②雇用	雇用机械价格（元/亩）	如果该项作业雇用机械可接受的最高价格（元/亩）	实际感觉劳动强度				
				自家用工数量	雇用人工数量					很累	累	较累	一般	轻松
1月	上半月													
	下半月													
2月	上半月													
	下半月													
3月	上半月													
	下半月													
4月	上半月													
	下半月													
5月	上半月													
	下半月													
6月	上半月													
	下半月													

续表

日期（公历/农历）		生产过程中的作业项目	作业方式 ①人工 ②机械	使用人工数量（人·天）		雇用人工价格 A(元/亩) B(元/(人·天))	使用机械来源 ①自有 ②雇用	雇用机械价格（元/亩）	如果该项作业雇用机械可接受的最高价格（元/亩）	实际感觉劳动强度				
				自家用工数量	雇用人工数量					很累	累	较累	一般	轻松
7月	上半月													
	下半月													
8月	上半月													
	下半月													
9月	上半月													
	下半月													
10月	上半月													
	下半月													
11月	上半月													
	下半月													
12月	上半月													
	下半月													

主要农作物 3:______（种植面积______亩，种植地块数______块）

日期（公历/农历）		生产过程中的作业项目	作业方式 ①人工 ②机械	使用人工数量（人·天）		雇用人工价格 A(元/亩) B(元/(人·天))	使用机械来源 ①自有 ②雇用	雇用机械价格（元/亩）	如果该项作业雇用机械可接受的最高价格（元/亩）	实际感觉劳动强度				
				自家用工数量	雇用人工数量					很累	累	较累	一般	轻松
1月	上半月													
	下半月													
2月	上半月													
	下半月													
3月	上半月													
	下半月													
4月	上半月													
	下半月													
5月	上半月													
	下半月													
6月	上半月													
	下半月													

续表

日期（公历/农历）		生产过程中的作业项目	作业方式 ①人工 ②机械	使用人工数量（人·天）		雇用人工价格 A(元/亩) B(元/(人·天))	使用机械来源 ①自有 ②雇用	雇用机械价格（元/亩）	如果该项作业雇用机械可接受的最高价格（元/亩）	实际感觉劳动强度				
				自家用工数量	雇用人工数量					很累	累	较累	一般	轻松
7月	上半月													
	下半月													
8月	上半月													
	下半月													
9月	上半月													
	下半月													
10月	上半月													
	下半月													
11月	上半月													
	下半月													
12月	上半月													
	下半月													

参 考 文 献

1. Abell M, Cedilla P. Mechanization in Asia: Statistics and Principles for Success [J]. Agricultural Mechanization in Asia, Africa and Latin America, 1999, 30(4): 70～75.
2. Andrew P B. The Determinants of the Migration of Labor Out of Agriculture in the United States[J]. Amer. J. Agr. Econ, 1990, 72: 102～108.
3. Ayal K. Is Part-Time Farming Really A Step in the Why Out of Agriculture[J]. Amer. J. Agr. Econ., 2000, 82: 38～48.
4. Bradford M, Gautam H. The Migration of Young Adults from Non-mitropolitan Counties[J]. Amer. J. Agri. Econ., 2001, 83 (2): 329～340.
5. Brian B P. Farm Income and Labor Mobility[J]. Amer. J. Agr. Econ, 1973, 55, 72～76.
6. Dale E. Hathaway and Brian B. Perkins. Farm Labor Mobility, Migration, and Income Distribution. Amer. J. Agr. Econ, 50(1968).
7. Daniel A L, Conrado M G. The Supply of Off-Farm Labor: A Random Coefficients Approach[J]. Amer. J. Agri. Econ., 1992, 74: 400～411.
8. Ganapathy S, Karunanithi R. Farm Mechanization in Lalgudi Taluk of Southern India[J]. Agricultural Mechanization in Asia, Africa and Latin America, 2003, 34(4): 60～63.
9. Goldsmith P D, Gunjalb K, Ndarishikanye B. Rural - urban migration and agricultural productivity: the case of Senegal[J]. Agricultural Economics, 2004, (31): 33～45.
10. Hathaway D E, Perkins B B. Farm Labor Mobility, Migration, and Income Distribution[J]. American Journal of Agricultural Economics, 2001(5): 342～353.
11. Khdair A I, Abu-Hamdeh N H. The Mechanization of Agricul-

ture in Jordan: Progress and Constraints. Agricultural Mechanization in Asia, Africa and Latin America, 2002, 33(3): 51～55.

12. Klump R, Preissler H. CES Production Functions and Economic Growth[J]. Scandinavian Journal of Economics, 2000, 102(1): 41～56.
13. Krishnasreni S, Thongsawatwong P. Status and Trend of farm Mechanization In Thailand[J]. Agricultural Mechanization in Asia, Africa and Latin America, 2004, 35(1): 59～66.
14. Klump R, Grandville O. Economic Growth and the Elasticity of Substitution: Two Theorems and Some Suggestions[J]. The American Economic Review, 2000, 90(1): 282～291.
15. Lin J Y. Rural Reforms and Agricultural Growth in China [J]. American Economic Review, 1992, 82(1), 34～51.
16. Martin Ravallion, Shaohua Chen. When economic reform is faster than statistical reform: measuring and explaining income inequeality in rural China[J]. Oxford Bulletin of Economics and Statistics, 1999, 61(1): 33～56.
17. Moatasim M, Sidahmed, Teffera B. Problems and Prospects of agricultural Mechanization in Lebanon[J]. Agricultural Mechanization in Asia, Africa and Latin America, 1999, 30(1): 29～32.
18. Rajeev K G. The Substitutability of Capital, Labor and R&D in US Manufacturing [J]. Bulletin of Economic Research, 1990, 42(3): 211～227.
19. Wang L H, Tian Z H. Rigid Growth Characteristic of Demand for Oil in China's Agro-Production. China Agricultural Economic Review, 2009, 1(3): 327～341.
20. Yi J, Ding Q. Fanm Mechanization in Jiangsu Province, PRC[J]. Agricultural Mechanization in Asia, Africa and Latin America, 2000, 31(1): 67～69.
21. 白冬艳.用因子分析法评价我国农业机械化发展水平[J].农机化研究，2006(9)：1～5.
22. 白人朴.我国农机化的总体发展和地区比较[J].北京农业工程大

学学报,1995,15(1):7～13.
23. 白人朴.中国农业机械化与现代化——白人朴教授论文选集[M].北京:中国农业科学技术出版社,2002.
24. 白人朴.新阶段的中国农业机械化——白人朴教授论文选集[M].北京:中国农业科学技术出版社,2007.
25. 白人朴.我国农机化发展的新要求及新趋势[J].农机科技推广,2007(11):14～16,13
26. 白人朴.我国农机化发展步入新阶段[J].农机市场,2008(1):43～45.
27. 白人朴.农业机械化与农民收入翻番[J].中国农机化,2009(1):10～12.
28. 白人朴.农业机械化与农民增收[J].农业机械学报,2004,35(4):179～182.
29. 白人朴,田志宏.我国各地农机化发展水平的一种有序样本分类法[J].中国农业大学学报,1999,4(6):1～5.
30. 白人朴,杨敏丽,刘清水.中国农业机械化发展水平地区分类研究[J].中国农机化,1999(3):24～27.
31. 蔡昉.人口迁移和流动的成因、趋势和政策[J].中国人口科学,1995(6):8～16.
32. 蔡昉.中国流动人口问题[M].郑州:河南人民出版社,2000.
33. 蔡昉.劳动力迁移的两个过程及其制度障碍[J].社会学研究,2001(4):44～51.
34. 蔡昉,白南生,等.中国转轨时期劳动力流动[M].北京:社会科学文献出版社,2006.
35. 蔡昉.中国人口流动的方式与途径[M].北京:社会科学文献出版社,2000.
36. 蔡昉.破解农村剩余劳动力之谜 [J].中国人口科学,2007(2):2～7.
37. 蔡昉,都阳.中国进城农民工的经济社会分析 [M].北京:社会科学文献出版社,2003.
38. 蔡昉,王德文.中国经济增长可持续性与劳动贡献 [J].经济研究,1999(10):62～68.

39. 蔡昉,都阳,等.户籍制度与劳动力市场保护[J].经济研究,2001(12):41～49.
40. 蔡昉,王美艳.农村劳动力剩余及其相关事实的重新考察[J].中国农村经济,2007(11):4～12.
41. 蔡娅,任润生.论我国农业剩余劳动力转移中的制度约束与创新[J].经济体制改革,1996(3):94～98.
42. 陈宝峰,白人朴,刘广利.影响山西省农机化水平的多因素逐步回归分析[J].中国农业大学学报,2005,10(4):115～118.
43. 陈培安,李玉江.农业剩余劳动力转移区域非均衡性机制研究[J].中国人口·资源与环境,2000(10):6～8.
44. 陈其霆.区域经济理论与实践:中国区域经济政策概述[J].开发研究,1999(5):33～34.
45. 陈锡康.中国城乡经济投入占用产出分析[M].北京:经济科学出版社,1992.
46. 陈欣欣.农业劳动力的就地转移与迁移——理论、实证与政策分析:[博士学位论文][D].杭州:浙江大学,2001.
47. 陈在余,严英龙.工业化技术与农村劳动力剩余转移分析[J].南京农业大学学报,2006(4):40～45.
48. 陈振华.我国农村劳动力流动对农村经济的影响分析[J].农业考查,2008(6):36～40.
49. 陈志.21世纪初我国农业装备技术发展趋势[J].中国机电工业,2002(19):32～35.
50. 程怀儒.中国实现农业现代化的制约因素[J].周口师范学院学报,2008(11):110～113.
51. 丁守海.农民工工资与农村劳动力转移:一项实证分析[J].中国农村经济,2006(4):56～62.
52. 丁守海.反哺农业的新视角:促进隐蔽性失业向剩余劳动力转化[J].经济与管理研究,2005(8):15～18.
53. 董晓慧,赵韩,冯宝林,等.基于组合算法的农机装备水平预测分析[J].农业机械学报,2008(7):80～84.
54. 杜鹰,白南生.走出乡村——中国农村劳动力流动实证研究[M].北京:经济科学出版社,1997.

55. 杜学振,王丽红,白人朴.我国农业劳动力需求的季节性研究.中国农业大学学报,2009,14(6):103～108.
56. 杜学振,刘玉梅,白人朴.日韩台土地经营规模变化对我国大陆现代农业发展的启示.农机化研究,2010(3):15～17.
57. 傅泽田,穆维松.农机动力总量分析模型在农业机械化系统分析中的应用[J].中国农业大学学报,1998,3(6):49～53.
58. 高焕文.高等农业机械化管理学[M].北京:中国农业大学出版社,1997.
59. 葛亚磊,安歌军.世纪之交的地区差异分析[J].上海交通大学学报(社科版),1999,7(3):75～82.
60. 龚维斌.劳动力外出就业对农业生产的影响[J].南京师大学报,1999(3):5～12.
61. 关智生.经济政策的区域性差异研究与特区经济学[J].中山大学学报(社科版),1994(3):31～38.
62. 国家统计局农调总队.2003年农村外出务工劳动力1.1亿人[J].调研世界,2004(4):11.
63. 郭剑雄.二元经济与中国农业发展[M].北京:经济管理出版社,1999.
64. 韩立岩,蔡红艳,郄冬.基于面板数据的中国资本配置效率研究[J].经济学季刊,2002,1(3):541～552.
65. 韩俊.跨世纪的难题——中国农业劳动力转移[M].太原:山西经济出版社,1994.
66. 何春杰.制度因素对区域经济增长影响的实证分析[J].生产力研究,2003(4):127～128,132.
67. 何勇,冯雷,吴春霞.基于粗糙集与神经网络的农机化发展水平评估方法[J].农业机械学报,2004,35(2):100～103.
68. 侯娟娟.我国农村剩余劳动力转移问题的思路[J].集团经济,2006(11):80～82.
69. 胡大力.农村剩余劳动力转移的社会经济分析:[硕士论文][D].北京:中国农业大学,2005.
70. 胡枫.中国农村劳动力转移的研究:一个文献综述[J],浙江社会科学,2007(1):207～212.

71. 胡祖光.基尼系数理论最佳值及其计算公式研究[J].经济研究,2004(9):60～69.
72. 黄成伟,彭玉明.论我国农业机械化发展历程及其发展特点[J].农林论坛,2008(2):91～92.
73. 黄和祥.农业机械化发展过程、影响因素及对策[J].中国农机化,2004(6):10～12.
74. 黄玉祥,朱瑞祥,刘水长,等.农业机械化与农村劳动力转移[J].中国农机化,2005(2):7～10.
75. 蒋乃华.我国农业劳动生产率决定的实证分析及政策含义[J].中国农村观察,2004(2):34～38,60.
76. 金玉秋. 2001－2020 年我国劳动力供给与需求预测分析[J].集团经济研究,2005(12):60～61.
77. 孔玲,张秀广.山东省农业剩余劳动力转移状况的调查[J].山东省农业管理干部学院学报,2006(1):23～24.
78. 拉尼斯,费景汉.劳动过利经济之发展[M].北京:华夏出版社,1989.
79. 劳动和社会保障部培训就业司,国家统计局农村社会经济调查总队.2000 年中国农村劳动力就业及流动状况 [OL], www. lm. gov. cn, 2002.
80. 雷利平,邓继忠,张进疆,等.国外提升农机装备水平的经验对广东省的启示[J].现代农业装备,2008(2):48～51.
81. 李安宁.我国粮食作物收获机械化发展研究:[博士论文][D].北京:中国农业大学,2007.
82. 李宝筏.农业机械学[M].北京:中国农业出版社,2003.
83. 李毳.城市化进程中农民进城就业问题研究:[博士论文][D].北京:中国农业大学,2004.
84. 李红.农业机械替代劳动力的实证分析[J].农业与技术,2008(2):111～115.
85. 李红松.固定资产投资与经济增长关系的地区差异比较[J].生产力研究,2004(5):104～105.
86. 李红松,田益祥.技术进步影响我国经济增长的地区差异比较[J].统计与决策,2003(8):38～39.

87. 李锦耀,卢东宁.农村剩余劳动力转移的新思考[J].延安大学学报,2008(5):76～79.
88. 李培林.流动民工的社会网络与社会地位 [J].社会学研究,1996(4):42～51.
89. 李鹏.中国粮食主产区农村劳动力转移问题研究:[博士学位论文][D].北京:中国农业大学,2006.
90. 李仙娥,王春艳.国内外关于农村剩余劳动力转移基本理论问题研究综述[J].经济纵横,2004(4):60～63.
91. 李小阳,孙松林,蒋苹.农业机械化与农业劳动力转移[J].农机化研究,2003(1):23～26.
92. 李一鸣.对我国地区经济发展不平衡问题的探讨[J].南方经济,1996(9):58～60.
93. 李玉江,吴玉麟.农业剩余劳动力转移动力及区域类型研究 [J].人口研究, 1999(4):65～72.
94. 李志强.中部地区农村剩余劳动力的测算及变化趋势分析[J].农业经济,2008(4):43～45.
95. 刘建进.一个农户劳动力模型及有关剩余劳动力的实证研究[J].中国农村经济,1997(5):15～22.
96. 刘建进.中国经济是否已经走到“刘易斯转折点”[J].中国社会科学院院报, 2007 (2) .
97. 刘良灿.我国地区农业生产中的土地、劳动和资本分析[J].贵州财经学院学报,2006(3):36～40.
98. 刘清峰,刘金兰.基于农业机械替代作用的农业劳动力需求预测模型[J].中国农机化,2006(1):41～43.
99. 刘秀梅.我国农村劳动力转移及其经济效应研究:[博士学位论文][D].北京:中国农业大学,2004.
100. 刘秀梅,田维明.我国农村劳动力转移对经济增长的贡献分析[J].管理世界,2005(1):91～94.
101. 刘易斯.二元经济论[M].北京:北京经济学院出版社,1989.
102. 刘玉梅,田志宏.我国农业装备水平区域性影响因素的实证研究.中国农业经济评论,2005,3(4):405～416.
103. 刘玉梅,田志宏,姜雪琴.我国农业装备水平区域性特征及其影响因素研究.中国农业大学学报(社科版),2005(4):54～57.
104. 刘玉梅,田志宏.我国农业增长过程中资本对劳动的替代效应.见:新农村建设与三农问题.中国农业出版社,2006 年 11 月.102～108.
105. 刘玉梅,田志宏.中国农机装备水平的决定因素研究.农业技术经济,2008(6):73～78.
106. 刘玉梅,崔明秀,田志宏.农户对大型农机装备需求的决定因素分析.农业经济问题,2009(11):58～66.
107. 刘玉梅,田志宏.农户收入水平对农机装备需求的影响分析——以河北省和山东省为例.中国农村经济,2009(12):44～55.
108. 楼江,祝华军,韩鲁佳.农业劳动力转移与农业机械化的相关性分析[J].农业系统科学与综合研究,2006(22):66～69.
109. 楼旭明,段兴民,简康农.农村劳动力转移模式的国际比较与启示[J].西安工业大学学报,2006(26):382～385.
110. 卢东宁,惠宁.农村剩余劳动力转移的经济学分析[J].农机化研究,2006(11):8～11.
111. 罗斌.农业剩余劳动力和农村剩余劳动力的定义分析[J].理论研究,2002(7):26～27.
112. 罗发友.农业技术进步地区差异的计量研究[J].科学学研究,2003,21(3):268～273.
113. 骆健民,郑文钟,何勇.浙江省农业机械化发展水平评价[J].浙江大学学报,2007,33(2):217～221.
114. 罗锡文.农业机械化生产学[M].中国农业出版社,2002.
115. 吕国英.加入 WTO 对中国农业装备会有何影响[J].机电产品开发与创新,2000(5):22～24.
116. 吕健,蒋伟.对农村剩余劳动力转移问题的实证分析[J].农村经济与科技,2008(2):73～90.
117. 马菊红.应用线性插值法评价国民经济发展水平地域差异的研究[J].内蒙古煤炭经济,2004(3):9～10,24.
118. 马广贵.农村劳动力转移的影响因素研究:[硕士论文][D].北京:中国农业大学,2004.
119. 马捷.基于制度需求—供给模型的我国农村劳动力转移分析

[J]. 经济问题探索,2005(4):35～37.
120. 马雁军,李建英,张兆同. 基于神经网络的农业机械化水平影响因子权重测算和分析[J]. 中国制造业信息化,2006,35(5):74～77.
121. 糜韩杰. 对农场剩余劳动力统计方法——直接计算法的修正[J]. 人口统计,2008(6):76～83.
122. 米热古丽·艾尼丁,艾尼瓦尔·买买提,木合塔尔·米吉提. 基于因子分析法的新疆农业机械化水平评价[J]. 现代农业科技,2008(7):195～197.
123. 苗瑞卿,戎建,郑淑华. 农村劳动力转移的速度与数量影响因素分析[J]. 中国农村观察,2004(2):39～45.
124. 农机院"三农"市场研究组. 应重视我国农业装备的持续发展[J]. 中国机电工业,2001(3):11～13.
125. 农业部南京农业机械化研究所. 我国农机化发展的趋势[J]. 农机质量与监督,2004(1):14～15.
126. 农业部农业机械化管理司. 新的探索新的跨越——中国改革开放三十年中的农业机械化 [J]. 中国农机化,2008(6):3～15.
127. 齐晓丽,高素英,金浩. 关于农业剩余劳动力的数量研究[J]. 河北工业大学学报,2003,32(1):77～81.
128. 钱纳里,塞尔昆. 发展的型式 1950—1970[M]. 北京:经济科学出版社,1998.
129. 邱红,赵伦. 西部农村季节性劳务市场形成与劳动力自组织研究[J]. 商场现代化,2008(5):328～331.
130. 邱立春,崔国才,王铁和. 逐步回归分析方法在农机化系统分析中的应用[J]. 农业机械学报,1997,28(1):98～101.
131. 桑正中. 现代农业与农业装备[J]. 江苏农机与农艺,1998(2):1.
132. 施正剑,吕勇彬. 湖北省农业技术进步的地区差异分析[J]. 农村经济,2002(5):36～38.
133. 宋洪远,赵长保,张海阳. 中国农村改革回顾与展望[J]. 红旗文稿,2008(16):2～5.
134. 索维. 人口通论(上册) [M]. 北京:商务印书馆,1983.
135. 汤福霞,徐惠. 农村剩余劳动力转移的思考[J]. 农业考古,2007

(6):354～357.

136. 唐红军. 论财政政策在农村剩余劳动力转移中发挥的作用[J]. 中南财经政法大学研究生学报,2006(3):21～23.

137. 唐洪潜,刘宇. 农业劳动力转移的理论思考[J],农业经济问题,1994(5):42～48.

138. 陶卫民,陈媛. 国外农业装备发展趋势[J]. 农业装备技术,2002(1):1.

139. 田志宏,祝华军,魏勤芳. 工厂化农业的发展战略、管理与创新[M]. 北京:中国农业出版社,2004.

140. 托马斯·罗斯基,罗伯特·米德. 关于中国农业劳动力数量之研究[J]. 中国农村观察,1997(4):28～39.

141. 万文. 农村剩余劳动力层级转移模式探讨[J]. 学习月刊,2006(9):15～16.

142. 完世伟. 农机化财政扶持的国际经验及借鉴[J]. 中国农机化,2006(3):11～13.

143. 王成璋,鲁强,黄龙跃. 农业有效劳动力容量测度方法[J]. 中国煤炭经济学院学报,1999(1):12～15.

144. 王光栋,李余华. 中部地区农村劳动力跨区域流动的特征[J]. 统计与决策,2004(12):70～71.

145. 王红玲. 关于农业剩余劳动力数量的估计方法和实证分析[J]. 经济研究,1998(4):52～55,69.

146. 王检贵,丁守海. 中国究竟还有多少农业剩余劳动力[J]. 中国社会科学,2005(5):27～35.

147. 王金安. 产业现代化进程中的农业劳动力转移问题探究[J]. 数量经济技术经济研究,2002(4):25～28.

148. 王丽红,田志宏. 我国新农村建设中农机装备的发展研究——日本和韩国农村建设经验与启示. 农机化研究,2008(10):5～7.

149. 王丽红. 石油价格变动对我国农业部门影响的实证分析. 农业技术经济,2009(2):105～112.

150. 王树才. 知识经济时代的农业装备展望[J]. 粮食加工与食品机械,1999(6):3,8.

151. 王松岭. 二元结构下农业发展与农业劳动力转移研究:[博士学

位论文][D]. 上海:复旦大学,2006.
152. 武国定,方齐云,李思杰. 中国农村劳动力转移的效应分析[J]. 中国农村经济,2006(4):63～70.
153. 武少文. 当代中国的农业机械化[M]. 北京:中国社会科学出版社, 1991.
154. 吴维雄,陈建,马荣朝. 四川省农业机械化发展水平评价与分析[J]. 西南大学学报(自然科学版),2008,30(1):130～1331.
155. 鲜祖德. 小城镇建设与农村劳动力转移 [M]. 北京:中国统计出版社,2001.
156. 谢文斗. 中国剩余劳动力再探讨[J]. 劳动理论与实践,1997(7):33～34.
157. 邢丽萍,邢效雨. 山西农民人均收入地区差异的评估与分析[J]. 农业系统科学与综合研究,2001,17(1):31～33,37.
158. 熊维明. 中国农业经济学的十个问题[J]. 社会科学研究,2000(5):43～47.
159. 许可. 我国农村剩余劳动力转移研究:[博士学位论文][D]. 济南:山东大学,2005.
160. 徐平华. 我国农村剩余劳动力转移分析[J]. 农业经济问题,2006(6):39～42.
161. 严求. 透视国外可持续农业装备发展[J]. 中国机电工业,2001(3):37～39.
162. 杨大利. 改革以来中国省内地区差异的变迁[J]. 中国工业经济,1995(1):62～67.
163. 杨德才. 制度变迁与我国农村劳动力转移[J]. 当代经济研究,2006(12):38～41.
164. 杨家栋,秦兴方,等. 区域共同发展及其分类指导[M]. 北京:经济科学出版社,2003.
165. 杨春瑰. 劳动力迁移的 logistic 离散模型及其稳定性分析[J]. 中国农村观察,2003 (2):45～49,72.
166. 阳俊雄. 当前我国农村劳动力转移面临的主要问题与对策建议[J]. 调研世界,2004(5):3～4.
167. 杨敏丽. 我国农业机械化发展的阶段[J]. 中国农业大学学报,

1998,3(4):11～15.

168. 杨敏丽.中国农业机械化与提高农业国际竞争力的研究:[博士学位论文][D].北京:中国农业大学,2003.

169. 杨敏丽,白人朴.我国农业(种植业)机械化发展的区域不平衡性研究[J].农业工程学报,2000,16(4):68～72.

170. 杨敏丽,白人朴.农业机械总动力与影响因素关系分析[J].农机化研究,2004(11):45～47.

171. 杨敏丽,白人朴.农业机械化与农业国际竞争力的关系研究[J].中国农机化,2004(6):3～9.

172. 杨敏丽,白人朴.中国农业机械化发展的不平衡性研究[J].农业机械学报,2005,36(9):60～62.

173. 杨敏丽,白人朴.我国农业(种植业)机械化发展的区域不平衡性研究[J].农业工程学报,2000,16(4):68～72.

174. 杨文举,陈来.中国农业劳动力转移与农业劳动生产率趋同的实证分析[J].云南社会科学,2005(4):59～62.

175. 杨晓光,樊杰,赵燕霞. 20 世纪 90 年代中国区域经济增长的要素分析[J].地理学报,2002,57(6):701～708.

176. 杨晓维,蒋家亮.我国农村剩余劳动力的季节性分布[J].开发导报,2008(2):54～57.

177. 叶琪.论农村劳动力转移与产业结构调整互动[J].财经科学,2006(3):80～85.

178. 易丹辉,孙凤.地区差异对城镇居民消费结构的影响分析[J].预测,2000(1):66～70.

179. 于清东,李彩霞.农业机械化与农村劳动力转移问题的探讨[J].农机化研究,2007(4):198～201.

180. 于小妹,孔荣,徐彦.我国农村剩余劳动力转移的特点和对农村经济发展的影响及对策 [J].农业现代化研究,2007(6):696～699.

181. 袁志刚,范剑勇.剖析中国剩余劳动力转移[J].劳动保障通讯,2002(5):18～20.

182. 袁中金,杨朝晖.中国小城镇经济发展的地区差异研究[J].经济地理,2004,24(3):361～363,369.

183. 张春平. 论中国农机化发展的基石[J]. 农业装备技术,2004(1):4～5.
184. 张焕明. 地区差异条件下对外开放对经济增长的影响的实证分析[J]. 经济科学,2003(6):28～36.
185. 章金荣. 韩国农业装备呈现四个特色[J]. 农业装备技术,2003,29(5):46.
186. 张林秀,等. 经济波动中的农户劳动力供给行为研究 [J]. 农村·经济·社会,1999(下).
187. 张林秀. 妇女在农村经济发展中的作用——从30年农村劳动力市场发育看妇女的参与和贡献,中科院地理所农业政策研究中心,working paper,2008.
188. 张明海. 增长和要素替代弹性——中国经济增长1978—1999年的实证研究[J]. 学术月刊,2002(8):78～82.
189. 张巧玲. 中国农业自然资源和农业区划[M]. 北京:农业出版社,1991.
190. 张淑娟,冯屾,介邓飞,等. 基于Shapley值的农机装备水平组合预测[J]. 农业工程学报,2008(6):160～164.
191. 张淑娟,赵飞,王凤花,等. 山西省农业机械化发展水平的评价与分析[J]. 山西农业大学学报(自然科学版),2009,29(1):81～85.
192. 张向阳,景普秋. 中国农村劳动力转移的计量研究[J]. 太原师范学院学报(自然科学版),2004(1):13～16.
193. 张志忠. 农村劳动力短缺——建设社会主义新农村的新挑战[J]. 农业经济展望,2009(1):36～40.
194. 赵居礼. 试论我国农村剩余劳动力转移制约因素及对策[J]. 西安欧亚学院学报,2005(3):72～76.
195. 赵耀辉. 中国农村劳动力流动及教育在其中的作用——以四川省为基础的研究[J]. 经济研究,1997(2):37～42,73.
196. 赵新浩,王磊. 农村劳动力过度转移的负面效应及治理对策[J]. 学习论坛,2008(12):53～55.
197. 郑照宁,刘德顺. 考虑资本-能源-劳动投入的中国超越对数生产函数[J]. 系统工程理论与实践,2004(5):51～54,115.

198. 中国农业机械化科学研究院. 我国农业装备技术发展方向[J]. 农机质量与监督,2004(1):16～17.

199. 钟甫宁,邢鹂. 粮食单产波动的地区性差异及对策研究[J]. 中国农业资源与区划,2004,25(3):16～19.

200. 周虹. 农村居民生活水平地区差异的多元分析[J]. 中南财经大学学报,2000(4):86～89.

201. 祝华军,田志宏,魏勤芳. 农业技术的要素替代特性及我国工厂化农业技术的发展方向[J]. 农业现代化研究,2003,24(6):413～417.

202. 祝华军,田志宏,韩鲁佳,汪懋华. 农业机械化发展对财政投入的依存度研究. 农业工程学报,2007,23(3):273～278.

203. 祝华军. 农业机械化与农业劳动力转移的协调性研究[J]. 农业现代化研究,2005(26):190～193.

204. 朱希刚,等. 技术创新与农业结构调整[M]. 北京:中国农业科学技术出版社,2004.

205. 朱希刚. 农业技术经济分析方法及应用[M]. 北京:中国农业出版社,1997.

206. 朱英明,姚士谋. 长江经济带农业劳动力转移的特征研究[J],中国人口科学,1999(4):21～28.

207. 朱运生. 扶持农业机械化发展财政投入量化分析[J]. 现代农业装备,2004(1):50～52.

208. 宗锦耀. 广西农机化发展调研报告[J]. 农机科技推广,2008(2):7～9.

209. 宗立科. 农业机械化与农业装备化[J]. 新农业,2003(11):56.

210. 邹农俭. 中外农村劳动力转移模式的比较研究[J]. 人口学刊,2001(5):25～30.